空的生命美學，能夠鑑賞塵世的聖潔，
活出濁世的清淨。
當你見到空才是世界真相的時候，自然不會去執取任何事物，
也不畏懼失去，這便是解脫。

蕭振士 /著

目錄

前言

用智慧尋找佛道

學佛的目的是什麼？釋迦牟尼因感於生老病死之苦，而出家學道，這學道的目的就在於解脫生老病死之苦。但除了這四苦，佛家所說的苦，還有愛別離苦、怨憎會苦、求不得苦、五盛陰苦，合爲八苦，道盡人生的苦！生老病死之苦，頂多只是斷斷續續的苦。現代人每天醒來，就要面對工作、學業、同事、情愛交相煎迫之苦，這連續不斷的苦，才是眞苦！與不喜歡的人共事，爲了生活不得不如此！工作所獲取的報酬，永遠比不上自己付出的代價！永遠有競爭者在追求自己的異性朋友，感情已不錯的，又要擔心吵架分手！不斷湧現的慾望，止息了又生起，滿足了又有更高的慾望！這些連續不斷的苦，日日時時不斷，要如何尋求解脫，才是現代人眞正的煩惱！

拜佛誦經嗎？但是爲了生活，總不能一天二十四小時都在誦經，不誦經時又該如何？打坐止息慾念嗎？那麼離開禪座時，又該如何？人連作夢時都會不斷地有慾念生起！「黃粱一夢」敘述一位書生立志當官成就一生事業，但就在短短的、煮熟一鍋黃粱的時間中，他在夢中歷經了一生高官顯赫、妻妾成群，終歸幻滅的人生經歷！

面對慾望與人生之苦，般若學提供了我們一個智慧法門，用智慧尋求解脫，用智慧進入佛道的世界。般若是梵文的音譯，我們不妨就直稱「智慧」好了，不必拘泥於名相。這智慧簡單地說，就是轉念，對世間建立正確的觀念。

般若的大意

般若就是智慧，它與空不能分離，因爲般若是工具，目的是要去認知空的實相，這實相就是宇宙的眞實狀況。

佛陀不厭其煩地告訴弟子們，這世界的實相就是不眞實存在，只是虛幻的世界。但我們眼所見、耳所聞，卻又是如此眞實！不知道狗是如何看待這世界？飛鳥又是如何看待這世界？跟人類主觀認知的世界是一樣的嗎？當然不一樣！所以佛經中才說，世間的萬象都是人心所變現。人心所變現，就是人依主觀的意識來認定這世界。

當我們知道人類看這世界，與飛鳥、走獸有主觀上的差異時，應該再進一步去看，在人類的認知中，每個人對這世界的認知是不是都一樣？當然不一樣！每個人因爲環境、成長過程、個性的不同、智慧的差別，而對世界都有不同的認知。就像飛鳥與人對這世界的認知，也是有所不同。

再深究下去，同樣的一個人也會因爲際遇、環境、時間等因素的不同，面對這世界時，有不同的感觸！夏天洗冷水，一身清涼；冬天洗冷水，徹骨冰寒。不是一樣的冷水嗎？怎麼會有不同的感受？

泥土怎麼會變成瓶子？牛奶怎麼變成乳酪？兩者都是佛經中經常提到的譬喻！泥土與牛奶都是加上了其他的因緣，才變成瓶子、乳酪。莊子說了一個寓言，夜半有個大力士把山搬走了，誰是大力士？就是自然！但是在人們的認知當中，山是十分穩固的。九二一大地震，讓台灣人感受到了佛經中所說的無常！無常帶來了無法預知的苦痛！認爲不變的事物，卻在突然間發生劇變，使人們的生活愈加充滿恐懼！

有一天在街上恰巧看到了一樁車禍。一位年輕小伙子，看到左側橫向車道已轉紅燈，以爲自己的直向車道應該是綠燈，猛加油門，車禍便發生了！一念之間的錯誤判斷，不查該路口是三時相號誌，橫向的右側車道尚在綠燈。但如果他再快三秒、再慢三秒都沒事。對方車道如果沒有趕時間、爭綠燈時段而加速的車子，他也可以安然。巧合的因素（因緣）使他逃不過這場災難！

這一切都是因緣！這世界都是因緣所成，沒有自性——沒有恆常不變的東西。也因爲因緣主導了世間一切現象不斷變動，才說是無常。龍樹菩薩爲這個不是眞實的世間，作了說明：「因緣所生法，我說即是空。」這句話一方面爲「空」下了定義，另方面也告訴人們，我們身處、眼見的世界，都是因緣所成，因緣散去以後，事物、現象便要消失、改變，這不是人力所能左右的。

石頭是我們認爲不變的東西，但滴水可以穿石；房子是人們認爲保值的財產，但地震、火災會毀滅它！什麼是不變的？那就是「空」，空就是一切現象的本質。也就是世界的「實相」。如果不是空，怎麼容得下這麼多虛幻的現象、事物？原始佛教以無常來解釋這現實世界，大乘空宗則進一步以空來說明這世界的本質。

這個「空」的實相，誰能夠去清楚看到？就是擁有般若智慧的人。爲什麼要特別標明般若，而不說智慧？從龍樹到僧肇，都強調眞理有兩種。一是眞諦，二是俗諦。俗諦將這個具相、有形的世界看成是實有，也就是眞實存在。這樣的認知，就是凡夫的看法。但是從眞諦的理路去觀察，眼前具相的世界，只是看的人在主觀的認知上，認爲它眞實存在，也就是佛經上所說的「心所變現」。正如前面所說，飛鳥、走獸與人們用不一樣的眼光看相同的世界，肯定會有主觀上不同的認知。凡夫與具般若智慧的人，用不同的眼光看同一個世界，當然也有不同的認知。

現在我們拿「沉魚落雁」來形容美女的風姿，但這成語在莊子的《齊物論》中，卻有不同的意義。西施是戰國時代的美女，人們無不希望有機會親近她。但是魚看到她，便要沉入水裡；雁看到她，便要高飛；鹿看到她，便要逃跑。魚、雁、鹿不見得就喜歡人們所認定的美女，可見凡夫俗子都是以主觀的意識，面對這個虛幻的世界。

智慧之用就是教導人們，要以客觀的角度，去認知這個世界是虛幻不實的，任何事物的存在是來自因緣。事物沒有自己的本質、本體（法性），所以本質就是空。從觀念上改變自己凡夫俗子的主觀意識，改以客觀的角度去觀察眞實世界。當你見到「空」才是世界的「實相」時，自然不會去執取任何事物，也不懼於失去，這便是解脫！

僧肇主要的四篇論：物不遷論、不眞空論、般若無知論、涅槃無名論。其實都是在闡揚般若學的基本主張——空。而般若無知、涅槃無名，則相對地更深入強調，妄念、邪見都源於人們對名相的執著。有了名相以後，人們便會去執取名相所說的事物，因此要用無知、無名徹底地打破名相帶給人們的繫累。

無知、無名的說法，另一個目的是告訴人們，眞實的佛道不是言語、文字所能表述的。如果你要在語言、文字中尋找具體的佛道，恐怕只會徒勞無功。離開了危險的高峰，又掉入深淵中。這便是在語言文字中搜尋，認爲否定有、便是無，這種二元觀可能帶來的危機。

連貫《中論》與禪語，探討肇論

僧肇的《肇論》在中國佛學的歷史中，獲得了極高的評價。這些評價，其一是，集中國佛學中的般若學大成；其二是，較客觀地闡述了印度佛學的中觀學派思想；其三是，促使中國佛學跳脫與玄學扯不清的關係；其四是，文字優美，能以中國化的語言，闡述印度的佛學思想。這些成就都是可以肯定的，但事實上僧肇的文章也極盡舞文弄墨的能事。讓人覺得美則美矣，對義理的闡述，卻是飄搖深澀。

然而，《肇論》確實較正確地傳達了印度中觀學派的思想，也影響了後世中國佛學的發展。在唐代盛極一時的禪宗，雖然實質上也受到大乘有宗的影響，但禪門的語錄當中，還是最大量地傳達了受空宗影響的痕跡。禪門的語錄至今仍受到許多有心學佛的人喜愛，甚至社會大眾也愛不釋手。

因此，在翻譯本書時，筆者將龍樹的《中論》以及禪語，間歇插入白話譯文中。這樣的對比，一方面適度地讓讀者了解僧肇般若學的來源；另方面也讓讀者了解《肇論》對後世具體的影響。當然，《肇論》對後世中國佛學的影響，是全面性的，不僅禪宗而已。

宗本義

概說

本篇是根據《肇論》中的四篇論文，作提綱挈領的解釋。就佛學的體系而言，也是闡述大乘空宗的基本義理。

文中首先提出了五個名詞概念：本無、實相、法性、性空、緣會。這五個名詞實際上的意涵是相同的，都是用來解說宇宙一切現象的眞實本質。用一句完整的白話來說：**宇宙的一切現象本來就不是真實存在（本無），因為一切現象的本質（法性）沒有自性（性空），現象只是因為因緣聚會（緣會）而存在。因緣散去，現象也就消失。這就是宇宙的真實狀況（實相）**。

大乘空宗的解脫之道，是從認識宇宙的眞實現象著手，理論的根據是「緣起性空」。世間的一切事物都是因緣聚合而成，就像這個世界是地水火風聚合而成，不是獨立存在。當我們能認知這個道理，就不會對事物有所執著，甚至生命、肉體也不執著。不執著就不會有任何痛苦，沒有痛苦就是解脫。

那麼我們又要如何面對這虛幻不實的世界？理論上就是不存在「有」的認知，但也不能存在「無」的觀念，因爲這也是一種執著。離開了險峻的高山，又掉入了深谷，一樣沒有脫離危境。

因此，在這虛幻的世界裡，要過著快樂無憂的日子，就是要有善巧方便的大智慧，也就是般若的功用。以般若觀空，以善巧方便入世，這就是僧肇的智慧解脫之道。

涅槃解脫之道只在一念之間，但看你的一念之間是不是有智慧。解脫煩惱以後，就是窮盡一切，不是還有什麼涅槃的具相。

本文

原譯

本無、實相、法性、性空、緣會，一義耳。何則？一切諸法，緣會而生。緣會而生，則未生無有，緣離則滅。如其眞有，有則無滅。

今譯

本無、實相、法性、性空、緣會，這幾個名詞的意涵，其實都是相同的。怎麼說呢？因爲宇宙間的一切現象，都是因緣聚會才生成的。既是因緣聚會而生成，那麼在未生成以前就是不存在，待因緣散去，現象也會滅失。若是現象眞實存在，這存在就不會滅失。

「法」的意義

「法」在佛經中經常出現，就其最基本的意義而言，就是規則、方法，從而衍生不同的意涵。而在佛經中，基本上有三種意義。

一、佛法：佛家所講的解脫、悟道的內容與方法。

二、法界：宇宙的生成、運行有一定的規則，所以宇宙就是法界。

三、法性：宇宙間一切現象的本性、本質，此處的法就是指一切現象。

以此而推，故知雖今現有，有而性常自空。性常自空，故謂之性空。性空故，故曰法性。法性如是，故曰實相。實相自無，非推之使無，故名本無。

據此加以推演便知道，雖然當前是存在，存在的本質卻是空。本質恆常是空，所以說是「性空」。因爲現象的本質是空，所以說「空」就是「法性」。現象的本質既是如此，所以說「空」是「實相」。眞實的現象本來就不存在，並不是推演的結果，所以說是「本無」。

俗諦與真諦

諦就是真理。在佛教的義理中，將真理分為俗諦與真諦。用白話來講，這俗諦就是世俗的真理，真諦就是絕對的真理，也是最高的真理。

凡人看待宇宙一切事物的存在，是以眼見為憑，看到的就是真實的。但是用真諦去看，這些現象並不是真實存在，而是如幻如夢。

為什麼說是虛幻不實呢？這便涉及了佛教對真實存在的定義。大乘講空，基本上認為真實存在必須具備幾個條件：一、獨立；二、不會改變；三、具備自性，也就是有自己的本質。這便是真諦談存在的前提。

因此，讀《肇論》想要了解僧肇的邏輯，首先就是要掌握這個前題。若是以佛教所謂的俗諦，來談肇論，是怎麼看都是矛盾的。

跳出俗諦與真諦的說理，佛教有一個很具代表性的寓言，那就是瞎子摸象。每個瞎子用手去觸摸大象，因為每個人所摸的部位不同而有不同的想像，像大樹、像扇子，各有不同的形容。

陳先生帶著瞎子小李去餐廳，問他要不要喝牛奶？小李問陳先生：「牛奶是什麼樣子？」「白色的。」「白色又是什麼樣子？」「就像天鵝啊！」「哦我知道了，脖子長長彎彎的。」牛奶變成了長長又彎彎的樣子。

人們看這個世界不也是這樣嗎？總是用自己主觀的意念去認知！

言不有不無者，不如有見常見之有，邪見斷見之無耳。若以有爲有，則以無爲無。有既不有，則無無也。

夫不存無以觀法者，可謂識法實相矣。是謂雖觀有而無所取相。然則法相爲無相之相，聖人之心爲住無所住矣。三乘等觀性空而得道也。

性空者，謂諸法實相也。見法實相，故云正觀。若其異者，便爲邪觀。設二乘不見此理，則

所謂的不存在、不是不存在，是否定有眞實「存在」的有見、常見（如靈魂不滅），或者執著於「不存在」的邪見、斷見（如無因無果）。若是認爲眞有「存在」，那麼就相對地有「不存在」。若是認爲沒有眞實的「存在」，也就沒有相對的「不存在」。

以不執著於無，來觀察、認知一切現象，可說是能正確認知現象的眞實狀況了。這就是雖然認知現象的存在，而不執著於現象的相狀。但現象的相狀事實上是無相的狀態，聖人的心是保持在無所執著的狀態。聲聞、緣覺、菩薩都因爲能以平等心觀察、認知現象的本質是空，而證得佛道。

所謂本質是空，就是宇宙間種種現象的眞實相狀。能夠認知到現象的眞實相狀，所以說是正確的認知。若是認知上與此有所不同，就是錯誤的認

顛倒也。是以三乘觀法無異，但心有大小爲差耳。

知。若是聲聞、緣覺不懂得這種道理，就是見解顛倒。所以說，三乘之人對宇宙種種現象的認知是沒有差別的，只是心量有大小的差別。

龍樹的得道與實相觀

佛陀所說的實相有三種：

佛在世的時候，因為佛陀的教誨而證得諸法實相，滅除各種煩惱，這就是聲聞法。

若是能夠生起大悲心，發起無上道心，這便是大乘法。

在無佛住世，世無佛法的時候，辟支佛就是因為能遠離塵世而出生智慧。另外，佛在度脫眾生以後，證入無餘涅槃，所遺佛法滅盡，而那些因為過去世修道因緣而應該證得佛道的，在觀察了因緣法以後，厭離塵世，獨自隱遁山林，遠離塵世而得道的，也稱辟支佛。

在龍樹的觀點中，悟得佛道就是看到實相，三種法門行徑不同，終極的成就是相同的。大乘佛道雖然以道德觀，所謂的普渡眾生，來槓高自己的地位，其實也是不必的。慈悲喜捨在佛教的理論中，也只是修行的法門之一，目的在讓人去除我執，如果用來標榜自己，反而落入更深一層的我執。

漚和般若者，大慧之稱也。諸法實相，謂之般若。能不形證，漚和功也。適化眾生，謂之漚和。不染塵累，般若力也。然則般若之門觀空，漚和之門涉有。

涉有未始迷虛故，常處有而不染。不厭有而觀空故，觀空而不證。是謂一念之力，權慧具矣！好思，歷然可解。

泥洹盡諦者，直結盡而已，則生死永滅，故謂盡耳，無復別

善巧方便的般若智慧，就是大智慧。能體悟種種現象的眞實相狀，這種智慧就叫做般若。而能夠不用具體的形相去證得實相，就是善巧方便的功用。能以適切的方法教化衆生，就是所謂善巧方便。身處世間教化衆生，而不被塵世所染，就是般若的力量。然而般若是用來觀察現象本質是空的法門；善巧方便則是身處塵世之有的法門。

身處塵世而從不迷惑在虛妄之有，所以能常處世間而不被污染。不因爲認知了空性而厭棄現象界，所以能在認知空性以後，而不以形相證入空。這便是在一念之中，兼具了善巧與智慧。這一念之中兼具善巧與智慧的道理，只要好好地深思，是可以清楚了解的。

滅盡一切生死煩惱的涅槃境界，就是煩惱滅盡而已，如此便是生死永滅，所以說是滅盡，並不是

有一盡處耳。

——另有一個生死永盡的處所（不要因此再有一個涅槃形相的意象產生）。

龍樹的八不偈

不生亦不滅，不常亦不斷，不一亦不異，不來亦不去。

這是統攝龍樹《中論》的綱要，也是佛教理論空的根本論述。不存在生，當然就沒有滅；不存在恆常，當然就沒有斷滅；沒有相同的現象，當然就沒有相異的現象；沒有來也就沒有去。龍樹認為一切現象都是相對存在的，當你感受到快樂時，便有相對的痛苦感受。去除一切相對的認知，不去作分別，便是中道，便是解脫。

《中論》中又說：「因緣所生法，我說即是空，亦為是假名，亦是中道義。」中道就是空；空就是否定因緣聚合所生成的事物是實有；而我們身處的宇宙，包括我們自己，都是因緣所生。般若法門就是要人們從觀念、認知上，徹底改變執著自身、宇宙一切現象都是實有，可取、可得的觀念。

沒有可擁有的東西，哪裡還有可失去的東西？但有了這樣的認知，就真的能做到嗎？今天在路上丟了一千塊，誰不會心疼？男女朋友分手了，誰不知道

「理論」上要祝福對方？但有多少人不會在分手後痛徹心底？

人本來就是動物，動物貪欲的獸性，依舊存在人的意識中，算是生存的本能之一。學佛的路上，當然不能只有理論，落實在日常生活中，以布施對治這原始的本能，不斷修行，才有真正快樂的一天。

禪門的不生不滅

無住禪師如此解釋不生不滅：見到外境不起心念，這叫做不生；既是不生，就沒有所謂的滅。不生就是無念，既是無念，就不需要滅。既是無念，就不會受煩惱繫縛，相對的也不需要解脫。

所謂真心，是指在念頭產生的時候，心識不會隨念而生；在念頭消滅的時候，也不會隨念寂滅。不來也不去，不取也不捨，平常自在。這樣的心體，不能夠用知覺去體會，不能得其具相，但你面對外境時，卻隨時可得。如果你不產生心識，當然也就不必再打禪坐，拚命去消滅念頭。

這就是禪門的見性，也是般若法門中，所謂見到實相。

物不遷論

概說

物不遷是要說明事物是不會遷動的。過去的事物不會來到當前；同樣的道理，當前的事物也不會去到過去。常人的眼光中，總認為有某些事物是恆常不變的，這種觀念使人們會去執著於某些事物，從而產生痛若。

僧肇在這篇論文中，有兩個例子比喻得十分恰當。一個是少年僧人出家修道，到年老時返鄉，鄉人們問他，昔日的少年還在嗎？僧人回答，我已不是那少年僧人，但也是那少年僧人。少年僧人只留在過去，當前的老僧就是當前的老僧，那少年僧人不過是當前老僧的「因緣」之一，在這段不斷流逝的歲月中，許多的因緣造就了今日的老僧。

另一個是莊子「藏山」的寓言，人們總認為山是最穩固的，把船藏在山洞中，應該也是最穩固的。半夜卻來了大力士，把整座山給搬走了。這大力士就是自然的力量，人們根本無力抗拒！

體會那動中不變的靜，就如過去的事物不會來到當前；體會那靜中的動，就像那靜止的山，終究是在時光的流逝中不斷變化。動中的靜，要你不必去執著；靜中的動，要你認識無常的眞理。

過去的事物不會來到當前，常人因此以爲事物是會遷動的，這便是常人主觀的自我意識，以自己爲主體，所以當事物離開自己，便認爲事物是會遷動的。但實際上有智慧的人便能看到，那些事物其實是靜止地留在過去的某一段時間裡，沒有來到當前。

當你感慨少年到白頭，時間成就無常的變化時，再用智慧去觀察，那少年的我早已不是今日的我，你還有什麼好執著？無常還有什麼可怕？當下的你就該活在當下！

本文

原譯

夫生死交謝，寒暑迭遷，有物流動，人之常情。余則謂之不然。何者？

《放光》云：法無去來，無動轉者。尋夫不動之作，豈釋動以求靜？必求靜於諸動。必求靜於諸動故，雖動而常靜。不釋動以求靜故，雖靜而不離動。

然則動靜未始異，而惑者不

今譯

這生死的交替，四季不斷地遷流變化，使人們感覺有事物在遷流變動，這是人們常有的感覺。但我就不這麼認爲。怎麼說呢？

《放光般若經》是這麼說：「世上的現象沒有所謂去與來，沒有任何事物在轉動。」探尋這不動的現象，怎麼可以先離開動的現象，再來求取相對的靜？而是應該在種種流動的現象中看到靜止的現象。因爲在動中能看到靜，所以雖然是流動，卻是恆常靜止的。因爲不是離開動的現象，而相對得到靜，所以雖然是靜，卻是不離開動的靜。

然而動與靜本來就沒有差別，只有被表象迷惑

同。緣使眞言滯於競辯，宗途屈於好異。所以靜躁之趣，未易言也。

何者？夫談眞則逆俗，順俗則違眞。違眞故，迷性而莫返；逆俗故，言淡而無味。緣使中人未分於存亡，下士撫掌而弗顧。近而不可知者，其唯物性乎！然不能自已，聊復寄心於動靜之際。豈曰必然！

試論之曰：《道行》云：諸法本無所從來，去亦無所至。《中觀》云：觀方知彼去，去者

的人，才認爲有差異。因爲這差異的認知，才造成眞理陷在爭辯當中，正宗之道也被歪曲的見解阻滯。也因此讓靜與動的根本道理，也難以說明了。

怎麼說呢？因爲談眞理往往和世俗的見解違背；順應世俗的見解，又違背了眞理。因爲違背眞理，使人們迷失了本性而無法回歸；因爲違背了世俗，使人們覺得言語淡而無味，提不起興趣。從而使一般中等智慧的人，無法分辨對或錯；較爲愚昧的人更是揮手不理了。近在眼前又無法了知的，恐怕就是這現象的本質了！然而我還是放不下，姑且將心思就用在這動靜之間的道理。但我說的也不一定正確。

讓我試著析論如後。《道行般若經》中說：「種種現象本來就不是從什麼地方來，離去了也沒到什麼地方。」《中論》中則說：「觀察方向、地

不至方。斯皆即動而求靜，以知物不遷明矣。

方的狀況，知道某些事物消失了，但消失的東西並沒有到其他地方。」這些都是在流動中看到了靜止的現象，由此可知，事物並不遷流的道理是至爲明顯了。

龍樹論證去來

已經離去時，便不存在離去。未離去時，當然不存在離去的現象。而正在離去時，是半去半未去，所以也不是去。

南朝傅大士的名句

空手把鋤頭，步行騎水牛；
人從橋上過，橋流水不流。

夫人之所謂動者，以昔物不至今，故曰動而非靜。我之所謂靜者，亦以昔物不至今，故曰靜而非動。動而非靜，以其不來；靜而非動，以其不去。然則所造未嘗異，所見未嘗同。逆之所謂塞，順之所謂通，苟得其道，復何滯哉？

傷夫人情之惑也久矣，目對眞而莫覺！既知往物而不來，而謂今物而可往。往物既不來，今物何所往？何則？求向物於向，於向未嘗無；責向物於今，於今未嘗有。於今未嘗有，以明物不

一般人所認知的變動，是因爲過去的事物不會來到當前，所以說是動而不是靜。而我所謂的靜，也是因爲過去的事物不會來到當前，所以說是靜而不是動。一般人認爲事物是動而不是靜，原因是事物不會隨時間來到當前；我認爲事物是靜而不是動，原因是事物不會離開過去的時間。然而兩者提出看法的根據並沒有不同，得到的見解卻完全不同。違背了眞理就會滯塞，順應眞理就能通暢，若是能得到事物的眞理，還有什麼阻滯呢？

我感慨人們長久的迷惑，面對眞理卻不能察覺！既然知道過去的事物不會來到當前，卻又認爲當前的事物會離去。過去的事物既不會來到當前，當前的事物又會去哪裡？怎麼說呢？在過去的時間尋求過去的事物，在過去的時間中從來不曾不存在；在當前尋求過去的事物，當前從來不曾存在。

來；於向未嘗無，故知物不去。

覆而求今，今亦不往。是謂昔物自在昔，不從今以至昔；今物自在今，不從昔以至今。故仲尼曰：回也，見新，交臂非故。如此，則物不相往來，明矣。

既無往返之微朕，有何物而可動乎？然則旋風偃嶽而常靜，江河競注而不流，野馬飄鼓而不動，日月歷天而不周。復何怪哉？

當前不曾存在，表明了過去的事物不會來到當前；過去從來不曾不存在，由此可知事物不會離去。

再用同樣的道理說明當前，當前的事物也不會離去。這便說明了過去的事物本來就存在於過去，不是從當前去到過去；當前的事物本來就存在於當前，不是從過去來到當前。所以孔子才說：「顏回啊！我們看到的都是不斷更新的現象，就算兩人錯身交臂所見，也不是舊有的現象。」這樣的例子，也說明事物不會在不同的時間裡流動的道理。

既然沒有相互流動的任何跡象，還有什麼是會變動的？那麼，大風吹倒了高山的現象，可以說是恆常靜止的；江河奔流入海的現象，可以說是未曾流動的；野馬奔馳，塵土飛揚的現象，可以說是不動；日月在天上周而復始的現象，可以說未嘗循環。這又有什麼奇怪呢？

噫！聖人有言曰：人命逝速，速於川流。是以聲聞悟非常以成道，緣覺覺緣離以即眞。茍萬動而非化，豈尋化以階道？覆尋聖言，微隱難測。若動而靜，似去而留。可以神會，難以事求。

是以言去不必去，閑人之常想；稱住不必住，釋人之所謂往耳。豈曰去而可遣，住而可留耶？故《成具》云：菩薩處計常之中，而演非常之教。《摩訶衍論》云：諸法不動，無去來處。

但是啊！聖人曾經說過「人的生命流逝何其迅速啊！比那流水還快！」所以聲聞衆因爲悟得無常的道理，而成就佛道；緣覺衆因爲悟得因緣離去便滅的現象，而獲得眞實的佛道。若是萬物有動而不曾變化，又如何能因爲觀察到這些變化而成就佛道？再仔細推敲聖人的話，實在是微妙隱秘難以推測啊！似乎是動卻是靜止的，似乎是離去卻是停留的。這現象只能用心去體會，很難用外在現象去求證。

因此，聖人說逝去不一定有什麼現象逝去，只是要人們丟棄恆常的觀念；說住留不一定有什麼現象住留，只是要人們袪除無常的觀念。怎麼可以說到逝去就眞以爲有事物離去，說住留就認爲有事物住留呢？所以《成具光明定意經》中才說：「菩薩在人們執著恆常觀念的世界裡，教導人們無常的觀

斯皆導達群方，兩言一會，豈曰文殊而乖其致哉？

是以言常而不住，稱去而不遷。不遷故，雖往而常靜。不住故，雖靜而常往。雖靜而常往故，往而弗達；雖往而常靜故，靜而弗留矣。

然則莊生之所以藏山，仲尼之所以臨川，斯皆感往者之難留，豈曰排今而可往？

念。」《大智度論》中則說：「種種現象都是不會遷動的，沒有去處，也沒有來處。」這些話都是為了要教化四方的眾生，說法不同而意涵相同，怎麼可以因為說法不同，就認定意涵也不同呢？

因此，聖人說恆常並不就是住留，說離去不一定有遷動。因為現象不會遷動，所以雖然離去，卻是恆常靜止的。因為現象不會住留，所以雖然靜止，卻是恆常會離去的。因為雖然靜止而恆常會離去，所以是離去而不曾到達何處。因為雖然離去而恆常是靜止的，所以是靜止而不曾住留的。

再看看莊子所說，把船藏在山澗裡，山在水澤旁，人們以為那是最穩固不過，其實那山是時時變化的；孔子看到河水奔流，感慨事物流逝的迅速！兩者都是感慨過去的現象難以留住，又怎麼可能離開當前而移往其他時空呢？

是以觀聖人心者，不同人之所見得也。何者？人則謂少壯同體，百齡一質。徒知年往，不覺形隨。是以梵志出家，白首而歸，鄰人見之曰：「昔人尚存乎？」梵志曰：「吾猶昔人，非昔人也。」鄰人皆愕然，非其言也。所謂有力者負之而趨，昧者不覺，其斯之謂歟？

所以仔細觀察聖人的心思，見解是不同於一般人的。怎麼說呢？一般人都認爲，少年到壯年都擁有同一個身體，活到老年也是同一塊料。這是只知道時間的流逝，而不知道身體也跟著不斷變化。因此，便有一個寓言說，有位修行人少年出家，年老白頭以後回到故鄉，鄰居們看到以後，問他：「以前那少年還在嗎？」修行人回答：「我好像過去那人，又不是過去那人！」鄰居們都感到驚訝，不相信他的話。莊子藏山的寓言中說，有力量的人（自然、時間）把山揹走了，不就是在說這些嗎？

莊子藏山的寓言

自然擁有強大的力量，時刻在運轉，但人們的眼睛並不能察覺。所以人們以為把船藏在山澗裡，已是最穩固的了。但是半夜裡來了個大力士，把整座山都給搬走了。這裡莊子用大力士來形容「自然的力量」不是人們所能測度的。僧肇則是借用這個寓言，說明凡人與聖人對宇宙的觀察，會有不同的見解。這不同就在智慧，聖人能以心去看到眼睛看不到的變化，凡人卻執著於眼見為真，所以看不到那不斷變化的無常現象。

是以如來因群情之所滯，則方言以辯惑，乘莫二之眞心，吐不一之殊教。乖而不可異者，其唯聖言乎！故談眞有不遷之稱，導俗有流動之說。雖復千途異唱，會歸同致矣。

而徵文者聞不遷，則謂昔物不至今；聆流動者，而謂今物可至昔。既曰古今，而欲遷之者，何也？是以言往不必往，古今常存，以其不動。

稱去不必去，謂不從今至

因此，如來就是因爲人們的觀念有所滯礙，才用各種的言語爲人們辨析疑惑，以佛陀不變的眞心，演說不同的教化言語。言語不同而道理不變的，應該就是聖人所說的話！所以若就眞理而言，現象是不曾遷動的，爲了教化世人才有流逝變動的言論。縱使有千百種不同的教法，最終還是回歸到同一個道理。

然而研讀文章的人，一聽到說事物不會遷移，就認定過去的事物不會來到當前；聽到事物會流動，又認定當前的事物會去到過去。既然認定有古今的差別，又要事物會在古今之間遷流，這是什麼道理？所以在說事物離去了，並不一定離去，過去與現在的事物都是恆常存在各自的時空中，因爲它們都是不遷動的。

說離去不一定離去，是說明不會從當前到過

古，以其不來。不來故，不馳騁於古今；不動故，各性住於一世。然則群籍殊文，百家異說，苟得其會，豈殊文之能惑哉？

是以人之所謂住，我則言其去；人之所謂去，我則言其住。然則去住雖殊，其致一也。故經云：「正言似反，誰當信者？」斯言有由矣！何者？人則求古於今，謂其不住；吾則求今於古，知其不去。

今若至古，古應有今；古若

去，道理與不會從過去來到當前是一樣的。因為事物不會從過去來到當前，所以不會來往於古今；因為事物不會遷動，所以本質上它們各自住留在它們的一段時空中。然而各種書籍有不同的文義，百家各有不同的論說，若是能貫通文意，又怎麼會被不同的文章所迷惑呢？

基於這個道理，當人們說住留時，我便說事物是會離去的；人們認為離去時，我便說事物是住留的。但是離去與住留的看法雖然不同，最終的道理是一樣的。所以《普曜經》中說：「正話說得好似相反，要叫誰相信呢？」這話是有道理的。怎麼說？人們是在當前尋求過去的事物，所以認為事物不會住留；我則是在過去尋求當前的事物，所以知道事物不會離去。

當前的事物若會去到過去，那麼過去就應該有

至今，今應有古。今而無古，以知不來；古而無今，以知不去。若古不至今，今亦不至古，事各性住於一世，有何物而可去來？然則四象風馳，璇璣電捲，得意毫微，雖速而不轉。

當前的事物；過去的事物如果會來到當前，當前就應該有過去的事物。因爲當前沒有過去的事物，所以知道過去不會來到當前；過去沒有當前的事物，所以知道當前不會去到過去。若是過去不會來到當前，當前也不會去到過去，事物的本質是各自停住在一段的時空中，又有什麼事物可以來去於過去、現在呢？實際上，當你看到四季變換、日月星辰運轉，有如風馳電掣，只要能從細微處了解事物不會遷移的道理，便知道這些現象雖然變化快速，卻是沒有任何流轉。

希運禪師吃飯

終日吃飯不曾咬到一粒米；終日行走未曾踩到一塊地。終日不離世俗的任何事物，而能夠不被種種境象所迷惑，這才是自在的人。更要讓自己在任何時間、任何心念興起的時候，都不會看見事物的外相，不要去認知過去、現在、未來的時空轉移。過去未曾去，現在不會停住，未來未曾來。如此安然端坐，任運自然毫無拘束，這才叫解脫。

僧肇與龍樹都在理論上泯除了時間流轉的差別相，希運禪師則從日常的生活中，告訴我們，如何才是真解脫。一切煩惱的根源，還是在於人們對境時產生了差別相，使人有所執取。而英雄所見略同，根除煩惱還是要從根本除去對境時的差別相。

是以如來功流萬世而常存，道通百劫而彌固。成山假就於始簣，修途託至於初步，果以功業不可朽故也。功業不可朽故，雖在昔而不化。不化故不遷，不遷故則湛然明矣。故經云：「三災彌綸，而行業湛然。」信其言也！

何者？果不俱因，因因而果。因因而果，因不昔滅。果不俱因，因不來今。不滅不來，則不遷之致明矣，復何惑於去留，踟躕於動靜之間哉？然則乾坤倒覆，無謂不靜；洪流滔天，無謂

因此，如來的功業是流傳萬世而常存的，佛道是貫通百劫而更形堅固的。成就高山必須從第一筐土開始，旅行必須從第一步開始，如此才能造就不朽的功業。因爲功業不朽，所以雖然存在於過去，卻不會消失。不會消失，所以仍存在於過去，而不會遷移。不會遷移，所以「物不遷」的道理就十分明了了。所以佛經中才說：「劫來時，水、火、風三災遍地，但衆生所造的業仍是清楚明白的。」這話眞是一點沒錯。

怎麼說呢？果報與業因不會同時並存，因於業因才有果報。因於業因而有果報，但因並未在過去消失。果報與業因不並存，所以因不會由過去來到當前。業因不會消失，也不會來到當前，這「物不遷」的道理就十分明白了，對這離去與住留的道理，還有什麼好迷惑？還遲疑在動與靜之間呢？那

其動。苟能契神於即物，斯不遠而可知矣！

麼，就算是天翻地覆，也不能認定是不靜；就算是洪流滔天，也不能認定是動！如果能用心觀察這現象，便可肯定，距離佛道已不遠了！

不真空論

概說

《不眞空論》是僧肇論空的核心主題。簡單地說，這世界的一切現象因爲不是眞實存在，所以是空。這個主題也是大乘空宗的主題。原始佛教以人生多苦作爲人對世間認知的核心，所以要尋求離苦；大乘空宗則以宇宙間的一切都是虛幻不實——空，所以不要去執著，藉此遠離一切煩惱。

但人們眼睛所見的世間又是如此眞實，要如何說是空呢？這便是「緣起性空」理論的功用了。佛經中經常可以看到一個比喻——幻化人。幻化人有具體的形像，所以是存在；但又不是眞實的人，所以不存在。

文中僧肇針對當時佛教界著名的心無宗、即色宗、本無宗，分別提出了批判，指出各宗所偏、所失，藉此說明自己的主張。全篇內容圍繞在「眞實存在」、「不是眞實存在」的議題中，反覆論述，都是在辨析這世界不眞實的觀點。

僧肇另外以莊子《齊物論》中的文章，說明事物的名稱並非事物本身，也不見得表達了事物的本質，要人們去體悟語言、文字所要說明的深遂內涵，而不是去拘泥於語言、文字的表象。更不要落在兩邊的思維，以爲非有即無，非無即有。

本文

原譯

夫至虛無生者，蓋是般若玄鑑之妙趣，有物之宗極者也。自非聖明特達，何能契神於有無之間哉？是以至人通神心於無窮，窮所不能滯。極耳目於視聽，聲色所不能制者，豈不以其即萬物之自虛，故物不能累其神明者也。

是以聖人乘眞心而理順，則無滯而不通。審一氣以觀化故，

今譯

這空虛之極而無生的現象，應該就是般若玄妙能察的道理，宇宙萬有的根本原理。如果不是具備聖人明白通達的智慧，如何能眞切而契合地用心體會到這有無之間的道理？因此，具極高智慧的人，他的心思能窮究一切，而這一切都不能滯礙他的心神。耳所聽、眼所視的一切聲色現象都不能左右的原因，不就是因爲他能體悟到一切現象的本質都是空虛的嗎？正因爲如此，所以宇宙的任何現象都無法迷惑他，使他的心神受累。

因此，聖人憑藉著這份悟眞的心，而能隨順眞理，了知一切現象，無所滯礙，無不通達！因爲能

所遇而順適。無滯而不通故，能混雜致淳。所遇而順適故，則觸物而一。如此，則萬象雖殊，而不能自異。不能自異故，知象非眞象。象非眞象故，則雖象而非象。

然則物我同根，是非一氣，潛微幽隱，殆非群情之所盡。故頃爾談論，至於虛宗，每有不同。夫以不同而適同，有何物而可同哉？故眾論競作，而性莫同焉。何則？

把握萬法共通的唯一根本原理，來觀察一切現象的變化，所以能夠遇事順遂自處。無所滯礙、無不通達，所以能在雜亂的現象中，掌握淳樸的本質。遇事能順遂自處，所以無論接觸到任何事物時，都能把握事物唯一的本質。能做到這樣，那麼種種現象雖然各有其表象，卻沒有不同的本質。因爲沒有不同的本質，所以知道這一切現象所呈現的，都不是眞象。因爲現象不是眞象，所以雖有不同的具相，卻都是假象。

然而，這物與我根本是同，是與非也是同一根本，這潛伏、微細、幽暗、隱藏的道理，恐怕不是大多數人能徹底明白的。因此，最近許多的言論，只要是談到佛教的空宗，每每就有不同的論調。這麼說吧，同一個道理卻有不同的爭論，如此還有什麼是相同的？以致如今衆家各自造論，卻不能從根

心無者，無心於萬物，萬物未嘗無。此得在於神靜，失在於物虛。

即色者，明色不自色，故雖色而非色也。夫言色者，但當色即色，豈待色色而後爲色哉？此直語色不自色，未領色之非色也。

本無者，情尚於無多，觸言以賓無。故非有，有即無；非無，無亦無。尋夫立文之本旨者，直以非有非眞有，非無非眞

本作統一。怎麼說呢？

心無宗的宗義是主張，心不要攀緣外在的一切現象，但並不否認現象是不存在的。本宗的優點是能使心念安靜，缺點是不能認知到外在一切現象的虛假不實。

即色宗的宗義是主張，色（物質現象）並沒有主體性，是因緣所成，所以這色並非眞實存在。其實我們所說的色，應該是色就是色相，怎麼還需要色的主體性來成就色相呢？本宗主張色沒有主體性，是沒有體悟到色不是實有的色相，本質是空的道理。

本無宗的主張，偏向於喜歡「無」，往往把言論歸結在無。所以談非有時，就講這「有」是不存在的；談非無時，也講這「無」是不存在的。追究佛教談論有無的本意，就是扼要地認爲，否定「有」

無耳。何必非有無此有，非無無彼無？此直好無之談，豈謂順通事實，即物之情哉？

是因爲這存在不是眞實的；否定「無」是因爲這不存在也不是眞的不存在。又何必一定要在談非有時，說不存在這「有」呢？談非無時，就不存在這無呢？本宗只是喜好論辯這「無」，如此怎麼能順通實際的狀況，直入事物的情理呢？

「此無」不能引伸為「彼有」

現象本來就不存在，但不要因此存有「無」的觀念；現象本來就不是不存在，但不要因此而存有「有」的觀念。有與無都是虛妄的情境所現，如同幻影般。祖師所傳的法門，只談息去機緣，忘卻知見。能夠如此，佛道便隆盛；用心去分別，魔軍便熾盛。

你去分別有無，便要入於魔道。希運禪師抓住了修行的心要，僧肇則是極力從邏輯的思惟分析解說。兩者說的其實都是人們心念上最難克服的對立思惟，總會自然地將「此無」引伸到「彼有」，這樣的執取心，正是入大乘佛道最大的困境。

夫以物物於物，則所物而可物。以物物非物，故雖物而非物。是以物不即名而就實，名不即物而履眞。

然則眞諦獨靜於名教之外，豈曰文言之能辨哉？然不能杜默，聊復厝言以擬之。

試論之曰：《摩訶衍論》云：諸法亦非有相，亦非無相。《中論》云：諸法不有不無者，第一眞諦也。

當我們用一個名詞為某物命名時，這某物就可以稱名了。但你也可以用不同的名詞為某物命名，只是這某物雖有不同之名，卻並不因此而改變。所以事物並不會因名稱改變而改變眞實本質；名詞也不會因為稱名某事物而說出事物的本質。

所以眞理是靜靜地獨立於名詞概念之外，怎麼可能是文字語言所能辨析的呢？但我不能因此而沈默不言，姑且找些適當的話，來說明這「空」的義理。

我試著說說看。《大智度論》中說：「種種現象不能說有具相，也不能說是無相。」《中論》也說：「種種現象不能說是存在，也不是不存在，這才是眞實的道理。」

龍樹看有無

人們總認為不存在有，便應該存在無。這是凡人的認知。龍樹告訴我們，東西損壞了、消滅了，才叫做無。譬如你打破一個瓶子，這瓶子便沒有了。但這個前題是必須先有瓶子，才能將瓶子打破變成無。如果連瓶子都不曾有，怎麼會存在無呢？

人們在未證得佛道時，看不到這世界的實相，由於貪愛的因緣，看到某些現象，就以其外相而說是有；看到那些現象滅去時，就說是無。但有智慧的人則是看到某些現象出現時，便除滅了「無」的認知；看到現象滅去時，便滅去了「有」的認知。如此便能除滅「有、無」的主觀意識，連對佛道都沒有存在或不存在的主觀意識！

龍樹的有無觀，其實可以用具體而簡單的方法說明：

不有。因為世上的一切事物都不是真實而獨立存在。

不無。因為世上的一切事物都是因緣聚合而存在。

僧肇的不真空（不是真實存在，所以是空）論，其實就是延續龍樹的論點，這也是大乘空宗的根本理論。

尋夫不有不無者，豈謂滌除萬物，杜塞視聽，寂寥虛豁，然後爲眞諦者乎？誠以即物順通，故物莫之逆；即僞即眞，故性莫之易。性莫之易，故雖無而有；物莫之逆，故雖有而無。雖有而無，所謂非有。雖無而有，所謂非無。

如此，則非無物也，物非眞物。物非眞物故，於何而可物？故經云：色之性空，非色敗空。以明夫聖人之於物也，即萬物之自虛，豈待宰割以求通哉？

探求這「不有不無」的道理，怎麼可以要待洗盡萬物，遮斷視聽，達到一片虛空，才算是眞諦呢？而是應該在接觸事物時順暢通達，才不會與事物相違背。現象是假也是眞，如此才不會與現象的本質不同。沒有違背現象的本質，所以雖然是無卻又是有。並沒有違背了現象表象，所以雖然是有卻又是無。雖然是有卻是無（不真實），這便是非有（有表象）。雖然是無卻又是有，這便是非無。

這些道理讓我們知道，並不是不存在現象，只是這現象不是眞實現象。現象不眞實，那麼又有何現象可指名呢？所以《維摩經》中說：「所謂色的本質是空，並不是要待色的具相敗滅才是空。」這段經文就是要我們知道，聖人對現象的認知，是一切現象的本質本來就是空，何須等待外人加以辨析，才能通達這個道理？

是以寢疾有不眞之談，《超日》有即虛之稱。然則三藏殊文，統之者一也。故《放光》云：第一眞諦，無成無得；世俗諦故，便有成有得。夫有得即是無得之僞號，無得即是有得之眞名。眞名故，雖眞而非有；僞號故，雖僞而非無。是以言眞未嘗有，言僞未嘗無。二言未始一，二理未始殊。

故經云：眞諦俗諦，謂有異耶？答曰：無異也。此經直辯眞諦以明非有，俗諦以明非無。豈以諦二而二於物哉？

因此，維摩詰居士有臥病在床並非眞的生病的說法；《超日明三昧經》有地水火風四大本性皆空的說法。雖然佛經中有各種不同的說法，意旨則只有一個。所以《放光般若經》中說：「依據第一勝諦，便是一切都無成無得；依據世俗諦，便是有成有得。」這有得便是無得的假名；這無得便是有得的眞名。因爲是眞名，所以是眞實而不存在；因爲是假名，所以是假有但不是不存在。因此，說是眞實但不曾存在；說是虛假但不是不存在。兩種說法從來就不一樣，但兩者所說的道理從來就不曾相異。

因此，《大般若經》中，須菩提問佛陀，眞諦與俗諦有何不同？佛陀回答，沒有不同。這部經直接以辨析眞諦來否定存在，又以俗諦來說明不是不存在。怎麼可以因爲有眞俗二諦，而認爲現象本身也有不同呢？

然則萬物果有其所以不有，有其所以不無。有其所以不有故，雖有而非有；有其所以不無故，雖無而非無。雖無而非無，無者不絕虛；雖有而非有，有者非眞有。若有不即眞，無不夷跡，然則有無稱異，其致一也。

故童子歎曰：說法不有亦不無，以因緣故，諸法生。《瓔珞經》云：轉法輪者，亦非有轉，亦非無轉，是謂轉無所轉。此乃眾經之微言也。何者？謂物無耶？則邪見非惑；謂物有耶？則

這麼說來，一切現象就必然有它不存在的一面；而且有它不是不存在的一面。有不存在的一面，所以雖然存在，但事實上不存在；有不是不存在的一面，所以雖然不存在，但也不是不存在。雖然不存在，但也不是不存在，所以這種不存在不是絕對的虛無；雖然存在但事實上不存在，所以這種存在不是眞實存在。如果存在不是眞實的存在，不存在也不是絕滅形跡，那麼存在與不存在雖然表面上不同，所說的卻是同一個根本道理。

因此，在《維摩經》中，寶積童子感歎地說：「如來所說的一切現象，不是存在，也不是不存在，因爲種種現象都是因緣聚合生成的。」《瓔珞經》中也說：「所謂的轉法輪，不是有轉法輪，也不是沒有轉法輪，這便是轉而無所謂轉。」這便是諸經經文中微妙深奧的義理。怎麼說呢？認定一切

常見爲得。

以物非無，故邪見爲惑；以物非有，故常見不得。然則非有非無者，信眞諦之談也。故《道行》云：「心亦不有亦不無。」《中觀》云：「物從因緣故不有，緣起故不無。」尋理即其然矣！

所以然者，夫有若眞有，有自常有，豈待緣而後有哉？譬彼眞無，無自常無，豈待緣而後無也？若有不能自有，待緣而後有

現象都不存在嗎？那麼主張絕對虛無的邪見，就不是迷惑人了。認爲一切現象都眞實存在嗎？那麼主張現象是眞實存在的常見，就是眞理了。

因爲現象不是不存在，所以邪見是錯誤的；因爲現象不是眞實存在的，所以常見不是眞理。而主張現象不是存在、不是不存在的言論，才是眞諦啊！所以《道行般若經》中說：「心（意識）不是存在，也不是不存在。」《中論》也說：「現象（事物）從因緣生成，所以不是眞實存在；因爲是從因緣生成，所以不是不存在。」仔細研究這道理，經中說的沒有錯。

道理之所以如此，是因爲存在若是眞實存在，這存在應該本來就自己獨立存在，怎麼會要等到因緣聚合才形成？譬如那眞實不存在，何須等待因緣以後才不存在？若是存在不能自己獨立存在，必須

者，故知有非眞有。有非眞有，雖有，不可謂之有矣。不無者，夫無則湛然不動，可謂之無。萬物若無，則不應起，起則非無，以明緣起，故不無也。

故《摩訶衍論》云：一切諸法，一切因緣，故應有。一切諸法，一切因緣，故不應有。一切無法，一切因緣，故應有。一切有法，一切因緣，故不應有。

等待因緣才存在，如此便知這存在不是眞實的。存在不是眞實存在，因此，雖然存在也不能說是存在。所謂不是不存在，這不存在必須是湛然不動，才可說是不存在。一切現象若是不存在，就不應該有現象生起，有現象生起就不是不存在，因爲我們清楚知道有緣起，所以現象依因緣而存在，不是不存在。

所以《大智度論》中說：「一切現象都是由因緣生起，所以應該是存在（有相）；一切現象都是由因緣生起，所以不應該是存在（不真實）。一切現象的不存在，都是因緣造成，所以應該說是有；一切現象的存在，都是因緣造成，所以不應該說是有。

從因緣法到中道

眾因緣生法，我說即是無，亦為是假名，亦是中道義。

未曾有一法，不從因緣生，是故一切法，無不是空者。

這裡要請讀者用邏輯的推理方法來理解，才能進入龍樹的理路。龍樹先肯定宇宙間的一切事物都是因緣法所成，也就是各種因緣的配合，才有現象的生成。因為是由眾緣合成，所以現象（事物）並沒有自性，沒有自性就不能獨立存在，不能獨立存在就是無。而我們眼見、手觸的任何事物，都只是我們用言語、文字為它們定名，這名字只是人類用來認知世界的工具——假名，假名不是事物的真實本質。而這些事物因為不是真實存在，所以都是空。

邏輯的論述都是有前題的，龍樹提出的這些前題，都與所謂「世俗」標準不同，所以我們要看他的理論，就要先「轉換頻率」。脫離文字意象，因為文字只是工具，工具並不完美。所以龍樹說，空也要空掉，這才是中道，完全脫離文字的魔障。

尋此有無之言，豈直反論而已哉？若應有，即是有，不應言無；若應無，即是無，不應言有。言有是爲假有，以明非無，借無以辨非有。此事一稱二，其文有似不同，苟領其所同，則無異而不同。

然則萬法果有其所以不有，不可得而有；有其所以不無，不可得而無。何謂？欲言其有，有非眞生；欲言其無，事象既形。象形不即無，非眞非實有。然則不眞空義，顯於茲矣。故《放光》云：諸法假號不眞。譬如幻化

探究這有無的相關論述，怎麼可以說只是相對辯論呢？若道理是存在，就是存在，不應該說是不存在；若道理是不存在，就是不存在，不應該說是存在。說存在是指虛妄存在，目的是爲了說明不是不存在；另方面是藉著不存在的道理，來辨析現象並不是存在。這是同一件事而用兩種說法，文句雖然好像有所不同，但若是能領會其中相同的道理，便不會感覺到因爲文句相異而道理有所不同了。

既是如此，一切現象肯定有它之所以不存在的根據，也是不可得的存在；同樣的，有它之所以不是不存在，也是不可得的不存在。怎麼說呢？要說它存在，存在又不是眞實生成；要說它不存在，又有具體的形相。有具體形相就不是不存在；但不是眞實就不是實際存在。如此，「不眞空」的義理在這裡就十分清楚了。所以《放光般若經》中就說，

人，非無幻化人，幻化人非眞人也。

夫以名求物，物無當名之實；以物求名，名無得物之功。物無當名之實，非物也；名無得物之功，非名也。是以名不當實，實不當名，名實無當，萬物安在？

故《中觀》云：物無彼此。而人以此爲此，以彼爲彼，彼亦以此爲彼，以彼爲此。此彼莫定乎一名，而惑者懷必然之志。然則彼此初非有，惑者初非無。既悟彼此之非有，有何物而可有哉？

種種現象只是個假名，並不是眞實存在。就如幻化的人，並不是沒有幻化人，只是幻化人並非眞人。

我們以名稱去尋求物的質性，物不可能符合名稱的內涵；以物性去尋求適當的名稱，名稱無法表現物的質性。物不能符合名稱的內涵，就不是名稱所指的物；名稱無法適當表現物的質性，就不是物的適當名稱。因此，名稱不符實質，實質又無法有適當的名稱，名實不符，哪裡還有萬物呢？

所以《中論》中說，事物本來沒有彼此的分別。但人們主觀地以此爲此，以彼爲彼；又有人以另一個立場，以別人所說的此爲彼，彼爲此。這此與彼本來就沒有決定性的名稱，但迷惑的人們，卻執著地要給它定名。但事實上彼此的分別本來就不存在，迷惑的人卻以爲本來就不是沒有分別。既已了悟本來彼此的分別就不存在，那麼還有什麼事物

故知萬物非眞，假號久矣。是以《成具》立強名之文。園林託指馬之況。如此，則深遠之言，於何而不在？

是存在的？

如此便可肯定，一切現象都不是眞實的，本來就是個假名。所以《成具光明定意經》中說，一切現象只是人們強立一個名稱而已。莊子也在《齊物論》中以手指及馬作比喻說明這個道理。這些事實也說明，意涵深遠的言語，眞是無所不在啊！

如果當初我們把天叫做馬

莊子在《齊物論》中說，如果當初我們把天叫做馬，或者把天叫做指，那麼天就是馬，就是指了。但現在你把天叫做馬、叫做指就錯了。

對與錯往往只是人們各自主觀認定的，不是真實的對錯。僧肇借用莊子的話，說明名稱只是人們主觀立下的，並不代表事物實際的狀況。因此不要執著在名相，而是要用你的智慧，藉由語言、文字去認知宇宙的真實道理。

西施是戰國時代的美女，但魚看到了，恐怕要沈到水底去（魚見到人本來就會躲閃，美不美不是魚要的）。狗的主人再醜再窮都是牠的主人，你長得再帥再美，不是牠的主人，照樣對你狂吠。這一切不是都很主觀嗎？

是以聖人乘千化而不變，履萬惑而常通者，以其即萬物之自虛，不假虛而虛物也。故經云：甚奇！世尊！不動眞際，爲諸法立處。非離眞而立處，立處即眞也。然則道遠乎哉？觸事而眞。聖遠乎哉？體之即神。

由此可知，聖人能身在千萬變化中而不變，處在無數惑亂中保持通暢無礙，就是因爲能直悟一切現象的本質就是空，不必靠人爲的否定，才使一切現象變成空假。所以《般若經》中，須菩提才說：「眞是奇特啊！世尊，如如不動的眞實的極處，正是一切現象存在的基礎。並不是離開眞實另有現象的存在之處，存在的基礎就是眞實的本質。那麼，這眞實之道離我們很遠嗎？我們身邊的任何事物就是眞實之道。成聖很遙遠嗎？只要能體悟，就能得其神妙。

不必再找依靠

大聖說空法，為離諸見故；
若復見有空，諸佛所不化。

佛陀為什麼要說空的義理？就是要眾生們遠離執有的種種見解。如果因為佛陀說空，眾生就因此而認為有空的存在，那諸佛也無法教化這樣的眾生。

同樣的道理，僧肇一直強調的，不存在「有」，你就要認定存在「無」，又有誰能教化你？當我們從出生以後開始接觸這個世界，就不斷受這個世界既存的知識影響。我們利用文字、語言，甚至思維，去認識這個世界，但也相對受到文字、語言、思維的限制。

前陣子立法委員洪秀柱帶著一隻狼狗出秀，只要人們叫「阿扁」，他便會號叫。如果你訓練另一隻狗，只要有人叫「秀柱」，牠不叫便打牠，叫了便給牛肉，保證牠日後一聽到「秀柱」便狂吠！仔細想想，人不也是這樣嗎？所以禪師們才一直要修學的人「照見父母未生的本來面目」。

般若無知論

概說

本篇裡，僧肇首先說明，其師鳩摩羅什東來傳佈佛法的因緣，並且特別著重在大乘空宗的般若學。僧肇明顯地說明，般若學雖然早已傳入東土，但要到羅什東來以後，才眞正建立中土的般若學。其實印度佛學的中國化，僧肇才是眞正的開基者。

僧肇首先引用佛經，說明般若無所知、無所相，作爲他對般若立論的根據。據此，般若是無可稱名、無可言說，不是有、不是無，不實也不虛。這種無可稱名的現象，當然不能用言語形容。

從龍樹到僧肇，一貫的立論都是根據中道的義理，來闡述佛法、認知宇宙。這中道的義理，就是不落兩邊，但事實上也不落在中間。簡言之，不能有任何落點，不能有任何執著。所以不僅要去除對相的執著，但若是因此而落在無相上頭，也就是執著於無相，這無相也就是一種相。這些理論在唐代時，被禪宗全盤繼承，並且以禪宗公案的形式再度彰顯於漢土。

僧肇同時說明了般若之無知，不是如同木石般的無知，這就是「非無知故不取」的道理。但同時也是「非知然後不取」，而是「知即不取」，般若之知是同時伴隨著不執取的作用，若是在辨知之後才有所取捨，就非般若之知了。這個認知又涉及了諸法實相的問題。實相是平等無二的，而且是本來就平等無二，不待截長補短之後，才平等無二，諸法既是平等無二，還有什麼可以執取？

閱讀僧肇的作品，甚至空宗的任何經典，正如僧肇所說，語言文字所表達的，不見得是事物的眞實意涵；事物的外相，也不見得能傳達事物的實情。脫離文字的表象，才能看到僧肇要說的眞正意涵。

本文

原譯

夫般若虛玄者，蓋是三乘之宗極也，誠眞一之無差。然異端之論，紛然久矣。

有天竺沙門鳩摩羅什者，少踐大方，研幾斯趣，獨拔於言象之表，妙契於希夷之境。齊異學於迦夷，揚淳風於東扇。將爰燭殊方而匿耀涼土者，所以道不虛應，應必有由矣。

弘始三年，歲次星紀，秦乘入國之謀，舉師以來之。意也，

今譯

抽象而深奧的般若，是佛法最殊勝的道理，是最眞實而唯一的道理。然而種種錯解的言論，卻流傳爭論了好久。

有位天竺的僧人鳩摩羅什，年少時就身入佛道，對般若有深入的研究。見解超越了語言文字的表象，深深契入語言文字所不及之處。他在天竺一帶折服了外道的言論，又東來弘揚佛道。雖然有心用佛法照亮中土，卻在涼州遁居了十多年，可見佛道出世不是虛應的，須要有一定的因緣條件。

弘始三年（公元四〇一年）十二月，後秦乘後涼預謀入侵之前，興兵滅了後涼，將羅什迎到長

北天之運，數其然也。大秦天王者，道契百王之端，德洽千載之下，游刃萬機，弘道終日，信季俗蒼生之所天，釋迦遺法之所仗也。

時乃集義學沙門五百餘人於逍遙觀。躬執秦文，與什公參定方等。其所開拓者，豈謂當時之益，乃累劫之津梁矣！余以短乏，會側嘉會，以為上聞異要，始於時也。

然則聖智幽微，深隱難測。無相無名，乃非言象之所得。為試罔象其懷，寄之狂言耳。豈曰

安。這應該是天意的必然吧！佛經上曾經預言佛法將北傳，並在北方大盛。大秦天王姚興的道德與百代聖王相契，德政也將流澤千年。他日理萬機猶能游刃有餘，弘揚佛法，這眞是末世百姓的依靠，更是釋迦遺教的憑藉。

羅什來到長安以後，秦王召集了精研佛法的僧侶五百餘人，群集於逍遙觀。他親自捧著譯為漢文的佛經，與羅什研討校訂。他們所開拓的譯經事業，豈只是當時人受益，更是後代多劫衆生得度的橋樑。我雖然才疏學淺，卻有幸參與盛會，能從大師那裡聽到佛法難得而重要的義理，就是從那時候開始。

然而聖人的智慧深奧隱微，難以測知。它沒有相狀、名稱，不是從言語、外相所能得知的。我只是試著放下成見，放空心懷，就當是狂言吧。但這

聖心而可辨哉？

試論之曰：《放光》云：般若無所有相，無生滅相。《道行》云：般若無所知，無所見。此辨智照之用。而曰無相無知者，何耶？果有無相之知，不知之照，明矣。

何者？夫有所知，則有所不知。以聖心無知，故無所不知。不知之知，乃曰一切知。故經云：聖心無所知，無所不知。信矣！是以聖人虛其心而實其照，終日知而未嘗知也。故能默耀韜光，虛心玄鑒，閉智塞聰，而獨

並不表示聖人的心是可以用語言來辨析明白的。

以下試著討論。《放光般若經》中說：「般若沒有任何相（無相也沒有），也沒有生滅相。」《道行般若經》中說：「般若沒有任何知解，也沒有任何見解。」這裡是要說明般若以智慧觀照的作用。然而卻說般若無相無知，這是爲什麼？這裡實際上已說明了眞的存在無相而能知解、無所知而能觀照的事實。

怎麼說呢？因爲有所知就有所不知。聖人的心因爲是無所知，所以也是無所不知。這種不知的知，才是眞正能了知一切。所以《思益梵天所問經》中才說：「聖人的心無所知，也無所不知。」這是可以肯定的。因此，聖人能放空自己的心懷，眞實地觀照一切，終日能知而不曾有任何知解。也因此才能隱藏光芒，而靜靜地照耀，放空心懷觀照深

覺冥冥者矣。然則智有窮幽之鑒，而無知焉；神有應會之用，而無慮焉。

神無慮，故能獨王於世表；智無知，故能玄照於事外。智雖事外，未始無事；神雖世表，終日域中。所以俯仰順化，應接無窮，無幽不察，而無照功。斯則無知之所知，聖神之所會也。

遠；阻絕聰明智慧，而覺知深藏的道理。這聖人的智慧是能觀照最深藏的道理，而無所知的；心神能隨所遇而用，又無所思慮。

心神無所思慮，所以能獨立於世俗之上；智慧無所知，所以能深照事理，超越外相。智慧雖然超越事物的外相，但不是與事相無關；心神雖然獨立於世俗之上，但也在世俗之中。所以聖人的一舉一動都能隨順變化，沒有任何困難，沒有任何幽暗之處不能明察，而不顯露任何觀照的功用。這就是般若無知的知，聖人心神無慮的應會。

六祖的一行三昧

只要修一直心，對任何事物都不能有所執著。迷惑的人執著於佛法的外相，執著於一行三昧。認定常坐不動，使妄念不生於心中，便是一行三昧。對一行三昧作這樣的理解，就如同沒有感情知覺的草木，反而是成就佛道的障礙。

然其爲物也，實而不有，虛而不無。存而不可論者，其唯聖智乎！何者？欲言其有，無狀無名；欲言其無，聖以之靈。聖以之靈，故虛不失照；無狀無名，故照不失虛。照不失虛，故混而不渝；虛不失照，故動以接粗。

是以聖知之用，未始暫廢，求之形相，未暫可得。故寶積曰：以無心意而現行。《放光》云：不動等覺而建立諸法。所以聖跡萬端，其致一而已矣。

是以般若可虛而照，眞諦可

然而這東西是眞實而不存在，虛假而不是不存在。存在而不能用言語形容的，應該就是這聖人的智慧了。怎麼說呢？要說是存在，又無相狀與名稱；要說是不存在，又是聖人之所以是聖的靈體。因爲是聖人的靈體，所以雖然虛假而不失觀照的功用；沒有相狀、名稱，所以能觀照而不失虛假。觀照而不失虛假，所以能隨順世間而不變；虛假而不失觀照作用，所以能在世間應會。

因此，聖智的功用從來都不曾停歇，但要尋找具體的形相，又始終不能獲得。所以寶積童子才說，在無心的狀況下而能作用。《放光般若經》中說，平等正覺而無所動，在世間現出種種不同的現象。可知聖人有千萬種不同的教化方法，而根本道理都是一樣的。

因此，般若是虛假而能起觀照的功用；眞諦是

亡而知。萬動可即而靜，聖應可無而爲。斯則不知而自知，不爲而自爲矣。復何知哉？復何爲哉？

難曰：「夫聖人眞心獨朗，物物斯照，應接無方，動與事會。物物斯照，故知無所遺。動與事會故，會不失機。會不失機故，必有會於可會；知無所遺故，必有知於可知。必有知於可知故，聖不虛知；必有會於可會故，聖不虛會。既知既會，而曰無知無會者，何耶？若夫忘知遺會者，則是聖人無私於知會，以成其私耳。斯可謂不自有其知，

不存在而能知見的。在變動的萬象中，就可以看見靜止的現象；聖人應會世間，能在無知之中作爲。這就是般若不去知而自然能知，不作爲而自然能作爲。如此，還要什麼知？還要什麼作爲呢？

問難的人說：「聖人的眞心特別明亮，能洞察萬物，應接世間的一切現象，一舉一動無不會通事物。因爲能洞察萬物，所以能遍知一切。一舉一動無不會通事物，所以逢事不會失機。逢事不會失機，所以一定會與應該相會的對象相會；遍知一切，所以一定能知所應知的對象。一定能知所應知的對象，聖人的知才不是虛假；一定能與應該相會的對象相會，聖人所會才不是虛假。既然有所知、所會的對象，怎麼又說是無知無會呢？若說是因爲聖人忘卻了知與會，那麼這是聖人不執著於以這知與會作爲己有，成就自己。這樣也只能說自己不獨

安得無知哉？」

答曰：「夫聖人功高二儀而不仁，明逾日月而彌昏。豈曰木石瞽其懷，其於無知而已哉？誠以異於人者神明，故不可以事相求之耳。子意欲令聖人不自有其知，而聖人未嘗不有知。無乃乖於聖心，失於文旨者乎？

何者？經云：眞般若者，清淨如虛空，無知無見，無作無緣。斯則知自無知矣，豈待返照然後無知哉？若有知性空而稱淨者，則不辨於惑智，三毒四倒皆亦清淨，有何獨尊淨於般若？

有自己的有知，怎麼能說是無知呢？」

回答：「聖人的功德大於天地，而不自覺仁德；光明超越日月，而不自覺明亮。怎麼能因爲這樣，就說聖人的心智有如木石，無所知覺呢？實際上是因爲聖人有不同於凡人的神明，所以不能在事相中尋求。您是想用聖人不獨有自己的有知，來論證聖人本來就是有知。這樣的說法違背了聖人的眞心，也失去了文章的意旨。

怎麼說呢？《大般若經》中說，眞正的般若，清淨有如虛空，無所知、無所見，無所造作、無所攀緣。可見般若能知般若本來就是無知，還須要返照的功夫，才知道是無知嗎？若是你認爲般若因爲了知性空才說是清淨，那麼迷思與智慧也無法分辨了，三毒與四倒也都是清淨了，般若的清淨還有什麼值得特別推崇呢？

若以所知美般若，所知非般若。所知自常淨故，般若未嘗淨。亦無緣致淨，歎於般若。然經云般若清淨者，將無以般若體性眞淨，本無惑取之知。本無惑取之知，不可以知名哉。豈唯無知名無知，知自無知矣。

若是以般若所知的性空來讚美般若（這也是不對的），這所知的性空不是般若。所知的性空本身恆常清淨，但般若未曾因此而清淨。而且也無緣因爲所知是清淨，使般若也清淨，因而來讚歎般若。而佛經中說般若清淨的原因，難道不是因爲般若的體性清淨，本來就沒有凡夫的迷惑取著的知嗎？本來就沒有惑取之知，所以不能用知來稱名。怎麼是因爲如木石般的無知才可說是無知呢？般若之知本來就了知自體是無知。

金屑在眼亦為病

就像人們的眼睛，容不下任何東西。金屑雖然珍貴，留在眼中也是病。稱為凡夫，是因為他們被無明遮蔽；稱為聲聞、緣覺，是因為他們執著。遠離這兩種毛病，才是真正的修行。真正修行的人，不可過於勤快，也不可以廢忘。過於勤快便容易產生執著，廢忘就會墮入無明。

這是惟覺法師的金玉良言。僧肇講般若無知、涅槃無名，其實著重的要旨，就是要修行人不可執著於兩邊。般若可為用，卻萬萬不可執取；涅槃是修行的畢竟，但不要被名相所累。

別拜佛

丹霞天然禪師有一天來到惠林寺，因為天氣寒冷，便燒了木佛取暖，也因此被寺主責罵。天然禪師便回答：「我想把木佛火化後，收取舍利子。」寺主又責罵：「木頭哪有舍利子！」禪師回答：「既然沒有舍利子，你幹嘛罵我？」

佛教本來就拒絕偶像崇拜，這是釋迦牟尼的主張，因為偶像崇拜最容易讓人執取。但若你堅持不拜佛，也是一種執著。

般若學的中心意旨，就是要學佛的人捨離執著心。不要人們認為不存在有，就一定存在無，兩者皆捨，才能渾然天成，直入佛道。

是以聖人以無知之般若，照彼無相之眞諦。眞諦無兔馬之遺，般若無不窮之鑒。所以會而不差，當而無是，寂怕無知，而無不知者矣。」

難曰：「夫物無以自通，故立名以通物。物雖非名，果有可名之物，當於此名矣。是以即名求物，物不能隱。而論云聖心無知，又云無所不知。意謂無知未嘗知，知未嘗無知，斯則名教之所通，立言之本意也。然論者欲一於聖心，異於文旨，尋文求實，未見其當。

何者？若知得於聖心，無知

因此，聖人以無知的般若，觀照那無相的眞諦。眞諦不會有二乘的遺憾；般若的觀照沒有不能窮盡之處。所以般若會通而沒有差別，適當而不執是，寂靜無知而又無所不知。」

問難的人說：「事物無法自通，所以人們要爲事物立名來了解事物。事物雖然不等於名稱，但事物若是可以稱名，也就是這名稱了。因此，就在名稱中求物，事物便無處隱藏了。而您在論中說，聖人的心無所知，然後又說，無所不知。我的看法是，無知就是不曾知，知就是不曾無知。這是立名設教的通則，言語的基本法則。但是您的說法想要合乎聖人的心，卻與文義相違背。要從文義上求得實際的義理，似乎不通。

怎麼說呢？如果說聖心是有知，就不應該說聖無所辨。若無知得於聖心，知亦何所辨？若二都無得，無所復論哉！」

答曰：「經云：般若義者，無名無說，非有非無，非實非虛。虛不失照，照不失虛。斯則無名之法，故非言所能言也。言雖不能言，然非言無以得。是以聖人終日言，而未嘗言也。今試爲子狂言辨之。

夫聖心者，微妙無相，不可爲有；用之彌勤，不可爲無。不可爲無故，聖智存焉；不可爲有故，名教絕焉。是以言知不爲知，欲以通其鑒；不知非不知，

心是無知。如果說聖心是無知，這聖心還會是有知嗎？如果聖心是有知、無知都不對，就不必再討論了。」

回答：「佛經中說，般若的意涵，無可名、無可說，不是存在、不是不存在，不是眞實、不是虛寂。虛寂而不失觀照的功用；能觀照而不失其虛寂。這是無可名狀的現象，所以也不是言語所能表達。言語雖然不能表達，但不用言語更無法得其意涵。所以才說聖人終日都在說話，而又不曾說話。現在讓我大膽地試著爲您解說。

這聖人的心，微妙而沒有相狀，所以不能說是存在；用起來更加靈動，所以不能說是不存在。不能說是不存在，所以聖人的智慧是存在的。不能說是存在，所以是無法用名教形容的。因此，說是有知，卻不是一般文義的知，這是要人們了解這知的

欲以辨其相。辨相不爲無，通鑒不爲有。非有故，知而無知；非無故，無知而知。是以知即無知，無知即知。無以言異而異於聖心也。」

難曰：「夫眞諦深玄，非智不測。聖智之能，在茲而顯。故經云：不得般若，不見眞諦。眞諦則般若之緣也。以緣求智，智則知矣。」

答曰：「以緣求智，智非知也。何者？《放光》云：不緣色生識，是名不見色。又云：五陰清淨故，般若清淨。般若即能知

觀照功用。說是無知，卻不是眞的無知，是要人們了解這知沒有知相。沒有知相不就是不存在；有觀照的功用不就是存在。不是存在，所以是能知而無知；不是不存在，所以無知而能知。所以說，有知就是無知；無知就是有知。不要因爲言語的不同，就認爲聖人的眞心也有不同。

問難的人說：「這眞諦深奧而玄妙，非智者則難以測度。聖智的能知，在這裡就很明顯了。所以佛經中才說，沒有般若，就不能見到眞諦。眞諦就是般若緣慮的對象。從所知的眞諦求取能知的智慧，這聖者就是有知了。」

回答：「從所知的眞諦求取能知的智慧，這聖者就是無知了。怎麼說呢？《放光般若經》中說：『不從攀緣色相來生起意識，這叫做不見色。』又說：『因爲五蘊清淨，所以般若清淨。』這般若就

也，五陰即所知也。所知即緣也。

——是能知，五蘊就是所知，所知就是攀緣的對象。

藥多病重，網細魚寒

楚園禪師有一次上堂說法，只說了這八個字便下座。佛法的知識見解，就是藥，就是魚網；煩惱就是病，就是魚。

無論般若或涅槃，都是學佛的人應該拋棄的知見。所以僧肇提出般若無知、涅槃無名的根本涵義，其實不外要學佛的人拋棄佛法的知見。更明確地說，就是無般若、無涅槃，無所執著。拋下這些佛法知見的束縛，立時便是解脫道。

夫知與所知，相與而有，相與而無。相與而無故，物莫之有；相與而有故，物莫之無。物莫之無故，爲緣之所起；物莫之有故，則緣所不能生。緣所不能生故，照緣而非知；爲緣之所起故，知緣因而生。是以知與無知，生於所知矣。

何者？夫智以知所知，取相故名知。眞諦自無相，眞智何由知？所以然者，夫所知非所知，所知生於知。所知既生知，知亦生所知。所知既相生，相生即緣法。緣法故非眞，非眞故非眞諦也。故《中觀》云：物從因緣

這能知與所知，是相互依持的，有則俱有，無則俱無。相互依持而不存在，所以事物不能使它存在；相互依持而存在，所以事物不能使它不存在。事物不能使它不存在，就是因爲它是依緣生成；事物不能使它存在，就是因爲因緣不能生成它。因爲因緣不能生成它，所以雖然能觀照因緣而不是知；因爲是因緣所生，所以知與緣相互依持而生成。因此，這有知與無知都是從所知形成的。

怎麼說呢？世俗的智慧以能知去認知一切現象，因執取其相狀，所以說是知。眞諦本來就無相，眞實的智慧要從哪裡去知？之所以會這樣，因爲所知並非本來就存在，而是從知的作用生成。所知不但生成知，知也會生成所知。所知與知既然是相依而生，這相依而生就是緣起的現象。因爲是緣起的現象，所以不是眞實存在，不是眞實存在，所

有，故不眞；不從因緣有，故即眞。

今眞諦曰眞，眞則非緣。眞非緣故，無物從緣而生也。故經云：不見有法無緣而生。是以眞智觀眞諦，未嘗取所知。智不取所知，此智何由知？然智非無知。但眞諦非所知，故眞智亦非知。而子欲以緣求智故，以智爲知。緣自非緣，於何而求知？」

難曰：「論云不取者，爲無知故不取？爲知然後不取耶？若

以不是眞諦。因此《中論》中才說：「事物從因緣而存在，所以不是眞實；不是從因緣而存在，所以是眞實。

現在我們所說的眞諦是眞實，既是眞實，就不是從緣而有。眞實不是從緣而有，所以並沒有任何（眞實的）事物是從緣生成的。所以佛經中才說，從來不曾見過有存在的現象是無緣而能生成的。因此，用眞智來觀照眞諦，未曾執取所知的對象。眞智不執取所知，這眞智又如何有知？然而眞智並非木石的無知。只因爲眞諦不是所知的對象，所以眞智也不是有知。而您要從所緣的對象來推求眞智，所以認爲眞智有知。所緣的對象既然不存在，又要從哪裡推求有知？」

問難的人說：「論中所說的不執取，是因爲無所知而不執取呢？還是有所知而不執取？如果是因

無知故不取，聖人則冥若夜遊，不辨緇素之異耶？若知然後不取，知則異於不取矣。」

答曰：「非無知故不取，又非知然後不取。知即不取，故能不取而知。」

爲無所知而不執取，那麼聖人不就如在黑暗中行走般昏暗，分不出黑白了嗎？如果是有所知而不執取，那麼知和不執取就不同了。」

回答：「並不是因爲無所知而不執取，也不是有所知以後而不執取。般若的知本來就不執取，所以能夠不執取而有知。」

不要取相

有了形相以後，才會有影子；有了名相以後，才會有思慮。因形而有影，無形則無影，但影子卻沒有一定的形狀。思慮也是一樣，來自於名相，卻沒有一成不變的思慮。

龍樹以無自性來印證他的緣觀，一切都是眾緣所成。縱使名相是一，各人的思慮也是有所不同。試舉一個例子，譬如月亮不出現，人們或許都不會有思慮產生，但圓月掛空，有人因此思鄉情怯，有人卻高唱花好月圓！無論你思鄉情怯，或者花好月圓，都不是肯定而恆常不變的。這一切都是眾緣所成，沒有自性，不是恆常。

難曰：「論云不取者，誠以聖心不物於物，故無惑取也。無取則無是，無是則無當。誰當聖心，而云聖心無所不知耶？」

答曰：「然，無是無當者。夫無當則物無不當，無是則物無不是。物無不是，故是而無是；物無不當，故當而無當。故經云：盡見諸法，而無所見。」

難曰：「聖心非不能是，誠以無是可是。雖無是可是，故當是於無是矣。是以經云，眞諦無相故，般若無知者。誠以般若無

問難的人說：「論中所說的不執取，眞正的原因是聖人的眞心面對事物，不執著爲事物，所以不會因迷惑而執取。不執取就不會有是非，沒有是非也就不會有當或不當。那麼又誰有這聖心，而說聖心無所不知呢？」

回答：「正是如此，般若之知正是無所肯定，無所當。事物無當也就無所不當。對事物無所肯定，也就無所否定。對事物無所否定，所以是肯定而無所肯定。對事物無不當，所以是當而無所當。所以《放光般若經》中才說，能看盡一切現象，而又無所見。」

問難的人說：「聖人的眞心不是不能去肯定，實際上是沒有任何可肯定的事物讓它肯定。既然是無物可肯定，那麼就應該肯定這無物可肯定了。所以佛經中說，因爲眞諦無相，所以般若無知。這道

有有相之知。若以無相爲無相，有何累於眞諦耶？」

答曰：「聖人無無相也。何者？若以無相爲無相，無相即爲相。捨有而之無，譬猶逃峰而赴壑，俱不免於患矣。是以至人處有而不有，居無而不無。雖不取於有無，然亦不捨於有無。所以和光塵勞，周旋五趣，寂然而往，怕爾而來，恬淡無爲，而無不爲。」

理其實是因爲般若沒有有相的知。如果把眞諦的無相仍然看作無相，（般若能知無相）這樣對眞諦有什麼妨礙呢？」

回答：「聖人也不存在『無相』的觀念。怎麼說呢？如果將無相看成無相，這無相也是一種相了。捨棄了有而建立無的觀念，就好像逃離了高峰的危險，又掉入深溝，兩者同樣不能免除禍患。因此，聖人處在有而不執著於有，處在無而不執著於無。雖然不執取有或無，但也不捨離有或無。所以聖人能隨順紅塵，與世俗共處，輪迴在五道中，寂寂地離去，淡淡地前來，恬淡無爲，又是無所不爲。」

用過的衛生紙就該丟了

義玄禪師曾經說過，所有的佛教經典及種種修行法，都只是用來擦拭髒污的紙張。這樣的說法比僧肇的般若無知論更徹底地否定了一切佛法。在佛家的眼中，佛法僧是三寶，若是連佛、佛法都否定了，還有什麼是值得珍惜的？值得執取的？

佛法只是渡生死長河的船，上了岸就應該丟棄了。所以義玄更進一步說明，佛只是幻化身，祖師只是老比丘。若是求佛，就會被佛魔控制；若是求祖師，就會被祖師魔控制。用過的衛生紙就應該丟棄，留著它只是增加負擔！

但重要的是你不能沒有衛生紙！否則你怎麼擦屁股？

難曰：「聖心雖無知，然其應會之道不差。是以可應者應之，不可應者存之。然則聖心有時而生，有時而滅，可得然乎？」

答曰：「生滅者，生滅心也。聖人無心，生滅焉起？然非無心，但是無心心耳。又非不應，但是不應應耳。是以聖人應會之道，則信若四時之質，直以虛無爲體，斯不可得而生，不可得而滅也。」

問難的人說：「聖人的眞心雖然無所知，但是在應會萬物時，沒有任何差別。也就是可應會的便應會；不可應會的便存之不應。那麼聖人的眞心就是有時生、有時滅，可以這麼說嗎？」

回答：「所謂生滅，是指有生滅的妄心。聖人根本沒有心，生滅要從何而起？但也不是無心，只是以無心爲心而已。所以也不是不應會，只是以不應會爲應會而已。因此，聖人的應會之道，有如四季運行般自然，就是以虛無爲主體，不能使它生，也不能使它滅，不受外物的影響。」

不必相見

圓智禪師看到雲岩禪師身體不適，便問道：「離開這充滿煩惱的身體，我們要在哪裡相見？」

雲岩回答：「到不生不滅的地方相見。」

圓智又說：「為什麼不說，即使到不生不滅的地方，也不求相見呢？」

當僧肇告訴你，般若無知；龍樹告訴你，這世界本來不生不滅。你可別又生出般若無知、世界不生不滅的意象，否則你還是掉入了名相的魔障！看看那父母未生時，你哪有那些名相？拋下所有的執著就是佛，連佛的名相也要拋下！

只剩一點靈光

我昔初機學道迷，萬水千山覓見知；
明今辨古終難會，直說無心轉更迷。

蒙師點出秦時鏡，照見父母未生時；
如今覺了何所得？夜放烏鴉帶雪飛。

這是警玄禪師自述學佛、學禪的一段歷程。學佛的人在初次接觸佛法時，總希望從佛法中得到一些生命的養分。但是從浩罕的佛學理論中，尋找自己所要的真理，總是無法覓得，轉而說無心又更迷惑。直到點出了在父母未將自己生出前的模樣，才找到自己沒有名相、不受污染的自性。

禪宗講的自性，就是空，就是慧能所說的無相、無住、無念的禪法，一切隨順自然，有了主觀的意識，就落入煩惱的纏縛。

難曰：「聖智之無，惑智之無，俱無生滅，何以異之？」

答曰：「聖智之無者，無知；惑智之無者，知無。其無雖同，所以無者異也。何者？夫聖心虛靜，無知可無，可曰無知，非謂知無。惑智有知故，有知可無，可謂知無，非曰無知也。無知即般若之無也，知無即眞諦之無也。

是以般若之與眞諦，言用即同而異，言寂即異而同。同故，無心於彼此；異故，不失於照功。是以辨同者同於異，辨異者異於同。斯則不可得而異，不可

問難的人說：「聖智的無和惑智的無，兩者都沒有生滅，要如何區別呢？」

回答：「聖智的無是無所知，惑智的無是有知而知無。兩者的無雖然相同，但如何無卻不一樣。怎麼說呢？聖人的眞心虛寂沈靜，沒有所謂的知去知無，所以說是無知，而不是知無。惑智則是有知，所以可以用知去知無，如此可說是知無，而不是無知。無知就是般若的無；知無就是眞諦的無。

因此，般若與眞諦，就功用而言，是同而相異；就虛寂的體性而言，是異而相同。相同，所以般若無心於彼此；相異，所以般若不失於觀照的功用。因此，辨別它相同之處，就在它相異處；辨別它相異處，也在它相同處。因此，在相同處不可得

得而同也。

何者？內有獨鑒之明，外有萬法之實。萬法雖實，然非照不得。內外相與以成其照功，此則聖所不能同，用也。內雖照而無知，外雖實而無相。內外寂然，相與俱無，此則聖所不能異，寂也。

是以經云：諸法不異者，豈曰續鳧截鶴，夷嶽盈壑，然後無異哉？誠以不異於異故，雖異而不異也。故經云：甚奇，世尊，於無異法中，而說諸法異。又云：般若與諸法，亦不一相，亦

而異，在相異處不可得而同。

怎麼說呢？因為內有特殊的照鑒之明，外有一切現象的實相。但一切現象雖然有性空的實相，又非得般若的觀照不能證得。內外相互結合，才能成就觀照之功，這裡便體現了般若的功用，聖人也不能勉強兩者相同。內在的般若雖然能觀照，卻是虛寂無知的；外在的現象雖然有實相，卻是無相的。內外都是虛寂相互依存而無，這裡又體現了虛寂的體性，也是聖人不能勉強兩者相異的。

所以佛經中才說，種種現象沒有不同，何須裁鶴腳補鴨腳、移山塡溝，然後才沒有不同？這確實是因為在相異處而沒有不同，所以雖然相異而不是相異。所以佛經中才說：『甚為奇特啊！世尊，在沒有不同的現象中，反而來說它們不同。』又說：『般若與種種現象，既非一相，也非異相。』要相

不異相。信矣！」

難曰：「論云，言用則異，言寂則同。未詳般若之內，則有用寂之異乎？」

答曰：「用即寂，寂即用。用寂體一，同出而異名。更無無用之寂，而主於用也。是以智彌昧，照逾明；神彌靜，應逾動。豈曰明昧動靜之異哉？

故《成具》云：不爲而過爲。寶積曰：無心無識，無不覺知。斯則窮神盡智，極象外之談也。即之明文，聖心可知矣。」

信這是正確的。」

問難的人說：「論中說到，就功用而言是不同，就虛寂的體性而言則相同。不知道這般若本身，有沒有功用與體性虛寂的不同嗎？」

回答：「功用就是虛寂的體性，虛寂的體性就是功用。功用與體性同一，是同出而有不同的名稱。再也沒有另外一個無功用的寂體，作爲功用的主體。因此，聖智逾是不明，愈能發揮觀照的功用；聖心愈是寂靜，愈能應會萬物。怎麼能說，明與昧、動與靜不同呢？

因此，《成具光明定意經》中才說：『無爲的作爲超越了有爲。』寶積童子也說：『無心無識，而無不覺知。』這些都是極盡心智，超越表象的言論。好好體會這些文章，就可以了知聖人的眞心了。」

涅槃無名論

概說

涅槃無名的主張，是立基於涅槃不是因緣而有，所以不是名相所能形容。更重要的是，涅槃是三乘追求的終極成就，不是用凡夫的心智能夠了知的。

僧肇說，涅槃「言之者失其眞，知之者反其愚。」不要企圖用言語、心智去描述涅槃，但涅槃又眞實存在。不過爲了說明涅槃，僧肇還是爲涅槃下了定義：「戢玄機於未兆，藏冥運於即化；總六合以鏡心，一去來以成體。古今通，終始同。窮本極末，莫之與二，浩然大均，乃曰涅槃。」簡單地說，就是天地一氣，物我平等。但這物我平等是即物平等，根本不存在彼此的分別。而不是經過智慮以後，「認爲」應該平等。

因此，在僧肇的眼裡，有餘與無餘涅槃只是涅槃表面上的稱呼，若是去執著於這些稱名的不同，便是絕斷了涅槃之道。所以得道的人，是不受身形與方所限制的。在天道就是天的形相，在人道就是人的形相。存在不爲有，消亡不爲無，完全解脫於任何的纏縛之外。而不是一定要去追求灰身滅智的境界。這就是所謂「法身無象，應物而形；般若無知，對緣而照。」去來無象，動靜無心。

僧肇並以三隻鳥逃脫牢籠以後，各自飛到林中，脫離危險，來比喻三乘之人所證的涅槃是一樣的，只是各人所證有所不同。筆者用更簡單的話來說，三個人同吃一個蘋果，各自感覺不同的滋味，但都吃到了蘋果，蘋果沒有不同。這蘋果就是涅槃，各人有不同的體會，但涅槃就是涅槃，沒有不同。

終結本書的論點，就是《涅槃無名論》中所提出的：

玄道在於絕域，故不得以得之。

妙智存乎物中，故不知以知之。

這絕域與物外，都表示佛道與般若不能用有形的現象，作具體的探求，也就是不能用凡夫、世俗的標準去衡量佛法。在得佛道時，必須無心、無所執著於佛法；在擁有般若之智時，不能執自己有知。處於世間，隨順世間，無所執，無所求。

本文

原譯

奏秦王表

僧肇言，肇聞天得一以清，地得一以寧，君王得一以治天下。伏惟陛下叡哲欽明，道與神會，妙契環中，理無不統。游刃萬機，弘道終日。威被蒼生，垂文作則。所以域中有四大，而王居一焉。

涅槃之道，蓋是三乘之所歸，方等之淵府。渺漭希夷，絕

今譯

僧肇說：我聽說，天得其道則清明，地得其道則安寧，君王得道則能治理國家。陛下您睿智英明，道與心神相會通，居於天地之中，循理治國天下無不歸服。日理萬機之餘，猶能日日弘道。德威廣澤衆生，文教爲天下準則。老子所說的四大：道大、天大、地大、人大，陛下已居其中之一了。

涅槃之道，乃是佛教三乘修行的最終歸趣，大乘佛法的根本寶藏。它渺茫而無形，超出了耳目所

視聽之域。幽致虛玄，殆非群情之所測。

肇以人微，猥蒙國恩，得閑居學肆，在什公門下十有餘載，雖眾經殊致，勝趣非一，然涅槃一義，常以聽習爲先。肇才識暗短，雖屢蒙誨喻，猶懷疑漠漠。爲竭愚不已，亦如似有解，然未經高勝先唱，不敢自決。不幸什公去世，諮參無所，以爲永慨。

而陛下聖德不孤，獨與什公神契。目擊道存，快盡其中方寸。故能振彼玄風，以啓末俗。

一日遇蒙〈答安城侯姚嵩

能聽聞的範圍。道理又十分深奧抽象，不是一般人的思慮所能測度。

我身份卑微，叨蒙國家的恩德，才得以閑居學堂，在羅什的門下學習，已經有十餘年了。雖然許多佛經各有不同的理論，不同的理想境界，但對涅槃的義理，我總是最先去學習。我愚昧又無學識，雖然屢次承蒙師長的教誨開導，心中還是充滿疑問。自己努力地去學習，似乎也有所了解。但是沒有經過明師先說出來，自己也不敢肯定。不幸羅什去世了，我失去了參學的良師，是我永遠的遺憾。

但是陛下聖德不孤，又特別與羅什心神契合。見到羅什所傳遺留的佛道，就能了解其中點點滴滴的義理，而感到快活。因此能弘揚佛法，教化世俗。

有一天有幸拜讀您的〈答安城侯姚嵩書〉，有

書〉，問無爲宗極。何者？「夫眾生所以久流轉生死者，皆由著欲故也。若欲止於心，即無復於生死。既無生死，潛神玄默，與虛空合其德，是名涅槃矣。既曰涅槃，復何容有名於其間哉？」

斯乃窮微言之美，極象外之談者也。自非道參文殊，德侔慈氏，孰能宣揚玄道，爲法城塹，使夫大教卷而復舒，幽旨淪而更顯。尋玩殷勤，不能暫捨，欣悟交懷，手舞弗暇。豈直當時之勝軌，方乃累劫之津梁矣。

然聖旨淵玄，理微言約，可以匠彼先進，拯拔高士。懼言題

關涅槃無爲的根本義理。您在書中說道：「眾生之所以長久流轉在生死輪迴中，都是因爲執著在貪欲之中。若是能使貪欲休止，不起於心，就不會再輪迴在生死中。既已超脫生死，就能沈潛在虛玄寂靜中，與虛空相契，這就是涅槃了。既然說是涅槃，怎麼還能用名相去稱名呢？」

這眞是窮盡微言妙義，超越言詞意象的言論啊！若不是與文殊、彌勒相當的德行境界，誰能如此宣揚玄妙的佛道，作爲佛道的城堡，使佛法大道衰而復興，妙旨沈淪後重新彰顯！我努力地探尋，捨不得休息。心中滿足於開悟的欣喜，不覺不停地手舞足蹈起來。這豈只是當前眾生修行的大道，更是未來累劫眾生得渡的橋樑、渡口。

然而聖上所說的意旨，道理深奧而言語簡約，可以作爲先進聰明之士的導師，救渡他們。但我害

之流，或未盡上意，庶擬孔易、《十翼》之作，豈貪豐文，圖以弘顯幽旨。

輒作〈涅槃無名論〉，論有九折十演。博采眾經，託證成喻，以仰述陛下無名之致。豈曰關詣神心，窮究遠當，聊以擬議玄門，班喻學徒耳。

論末章云：「諸家通第一義諦，皆云廓然空寂，無有聖人。吾常以為太甚徑庭，不近人情。若無聖人，知無者誰？」實如明詔！實如明詔！

怕一般人只看這些提要式的言論，恐怕未能完全明白聖意。所以我想仿效孔子為《易經》作《十翼》的方式來解釋。這不是為了貪求廣增文字，而是為了弘揚彰顯幽深的意旨。

於是我就作了〈涅槃無名論〉，這論共有九折十演。論文廣泛地參考了眾經，引證經文作比喻，目的是為了要把陛下對「無名」的意旨充分表達出來。不敢說論文已經說到了神心的關鍵處，正確而窮究佛理，只是對玄妙的佛法提出自己的看法，提供給學佛的人參考。

在陛下的論書末章中說到：「各家理解的第一義諦，都說是空盪寂靜，沒有聖人。我常常認為這種說法與佛法的義理相差太遠，且不合乎人情。若是沒有聖人，那麼知道無名的人是誰？」正如陛下所說！正如陛下所說！

夫道恍惚窅冥，其中有精，若無聖人，誰與道游？頃諸學徒，莫不躊躇道門，怏怏此旨，懷疑終日，莫之能正。幸遭高判，宗徒劃然。扣關之儔，蔚登玄室。眞可謂法輪再轉於閻浮，道光重映於千載者矣。

今演論之作旨，曲辨涅槃無名之體，寂彼廓然排方外之談。條牒如後，謹以仰呈。若少參聖旨，願敕存記，如有其差，伏承指授。僧肇言。

×　×　×

泥曰、泥洹、涅槃，此三名

這佛道啊！恍恍惚惚，冥冥暗暗，其中有精明之處，若是沒有聖人，誰能與佛道相契合？近來學佛的人，無不徘徊在佛道門前，面對這道理而不安，終日疑團在心，無法肯定這正道。幸好有明君提出高見定調，使佛弟子們豁然。在佛道門前的人們，大舉登入玄妙之室。眞可說是佛法再度盛傳於閻浮提世界，佛光重照於千年之後。

今天作這篇論的目的，主要是爲了要從多角度辨明涅槃無名的體性，平息那些認爲佛法空無所有，而排擠佛法的論調。現在將文章一一抄錄如後，謹呈聖上。若是內容有些符合聖旨的，盼能敕命存記；若是有錯誤，伏願陛下指正。僧肇言。

×　×　×

「泥曰、泥洹、涅槃」這三個名稱，是前後不

前後異出，蓋是楚夏不同耳。云涅槃，音正也。

同的時代譯出的不同名稱。這是因爲華夏各地方音不同，譯爲「涅槃」才是正因。

別自己找煩惱

有僧人問希遷禪師：「要如何才是解脫？」

希遷回答：「誰綁著你了？」

僧人又問：「如何才是淨土？」

希遷回答：「誰污染了你？」

僧人又問：「如何才是涅槃？」

希遷回答：「誰給了你生死？」

這是禪門中相當典型的相對論法。僧人自己找煩惱，才要尋找解脫；期待淨土世界，才覺得自己身在穢土；追求涅槃，才會感到生死有煩惱。

你將有無對立起來，執三界為有為無，都是煩惱的起因，不必什麼事都用對立的觀念去面對，才能解脫，中道的實踐就在這裡。

九折十演

開宗第一

無名曰：經稱有餘涅槃、無餘涅槃者，秦言無爲，亦名滅度。無爲者，取乎虛無寂寞，妙絕於有爲。滅度者，言其大患永滅，超度四流。斯蓋是鏡像之所歸，絕稱之幽宅也。而曰有餘無餘者，良是出處之異號，應物之假名耳。

余嘗試言之。夫涅槃之爲道也，寂寥虛曠，不可以形名得；微妙無相，不可以有心知。超群

主張無名的人說：「佛經中有有餘涅槃與無餘涅槃的分別。用漢語來說，涅槃就是無爲、滅度。無爲是取其虛無寂靜，微妙地絕離有爲。滅度是說明滅盡煩惱，渡過欲流、有流、見流、無明流。從這些意義來看，這涅槃就是超越如幻的鏡中像、絕離名稱的歸依處。而分別說有餘或無餘，應該是隨順世俗、應機接物的假名而已。

我試著析論。這作爲佛道的涅槃，寂靜空曠，不能以具相名稱來求得；微妙無相，也不能用意識心去了知。它超越三界之有，而幽靜高升；體量與

有以幽升，量太虛而永久。隨之弗得其蹤，迎之罔眺其首，六趣不能攝其生，力負無以化其體，潢漭惚恍，若存若往。五目不睹其容，二聽不聞其響。冥冥窅窅，誰見誰曉？彌綸靡所不在，而獨曳於有無之表。

然則言之者失其眞，知之者反其愚。有之者乖其性，無之者傷其軀。所以釋迦掩室於摩竭，淨名杜口於毗耶，須菩提唱無說以顯道，釋梵絕聽而雨華。斯皆理爲神御，故口以之而默，豈曰

太虛一樣，廣大無邊，永久如是。追隨其後，得不到它的蹤跡；迎面相遇，高不見頂。六道輪迴不能含攝它的存在；造化之力無法改變它。如大海般無涯，如大氣般不可觸及。好像存在，又好像不存在。五眼（肉眼、天眼、法眼、慧眼、佛眼）也看不到它的容貌，二耳（肉耳、天耳）也聽不到它的聲響。幽暗而遙遠，誰能看見？誰能分曉？巨大無外又無微不入，處處無所不在，而又獨獨超脫於有無之外。

然而，要用言語去形容，就失去了它的眞性；要去認知它，只會顯露自己的愚昧。認爲它存在，就乖離了它的本質；認爲它不存在，又傷了它的形體。因此，釋迦牟尼在摩竭陀國時，閉門不說法；維摩詰居士在毘耶離城閉口不回答文殊的問題；須菩提說自己並未說法，以彰顯佛道；天帝釋與大梵

無辯？辯所不能言也。

經云：眞解脫者離於言數，寂滅永安，無始無終，不晦不明，不寒不暑。湛若虛空，無名無說。論曰：涅槃非有亦復非無，言語道斷，心行處滅。尋夫經論之作，豈虛構哉？果有其所以不有，故不可得而有；有其所以不無，故不可得而無耳。

天王也回說未曾聽法，以散天花回應。這些都是因爲他們的心與佛理相契，所以默然不語，並不是他們沒有辯才，只是這道理不能用辯才說明。

佛經中說，眞正的解脫不是言語所能表達、心慮所能想像，寂滅而永久安寧；沒有起始，也沒有終了；不晦暗，也不明亮；不冷也不熱。清澈有如虛空，沒有名稱，也沒有語言可形容。《中論》等論典中則說，涅槃不是存在，也不是不存在，言語無法形容，心慮無法想像。推求經論的說法，怎麼會是虛構的呢？確實有它不存在的道理，所以不能說它是存在；確實有它不是不存在的道理，所以不能說它是不存在。

四祖道信怎麼說？

一切的煩惱業障，本來就是空無寂滅；一切的因緣果報，也都如夢幻般。沒有三界可以出離，也沒有菩提智慧可求。人與眾生、鬼神本具平等的法性。聖人的大道虛寂空曠，不是思慮所能獲得。

你只要心念自在，不著意於觀想修行，也不要故意去澄淨心念，不起貪欲瞋意，不懷憂慮。心念坦蕩無阻，任其縱橫不拘。不起意於善惡之行，依緣而行，這便是佛法的妙用。快樂無憂就是佛！

每天快樂過日子就是佛！依緣而行，就是一切作為都隨順世間。佛法到了禪宗的時代，不僅認定外在世界是虛幻的，就連修行也是虛幻，徹底去除執著的心，人自然快樂無憂！

何者？本之有境，則五陰永滅；推之無鄉，而幽靈不竭。幽靈不竭，則抱一湛然；五陰永滅，則萬累都捐。萬累都捐故，與道通洞；抱一湛然故，神而無功。神而無功故，至功常存；與道通洞故，沖而不改。沖而不改故，不可爲有；至功常存故，不可爲無。

然則有無絕於內，稱謂淪於外。視聽之所不暨，四空之所昏昧。恬焉而夷，怕焉而泰，九流於是乎交歸，眾聖於是乎冥會。斯乃希夷之境，太玄之鄉，而欲以有無題榜，標其方域，而語其

怎麼說呢？就有而言，宇宙萬有的根本就是五蘊，而涅槃是五蘊永久滅去；推求這無的境地，卻有玄妙的靈明，永恆不失。靈明不失，所以悟道是湛然常存；五蘊永久滅去，所以能拋棄一切煩惱。煩惱拋盡，所以能與道會通而合一；悟道而湛然常存，所以神運無礙而不加功用。無功而能神運，所以功用至極而常存；與道會通而合一，所以能虛寂而不變。虛寂而不變，所以不能說是存在；功用至極而常存，所以不能說是不存在。

如此，則涅槃之道，不能在心內分別其有無，也不能在外表上有任何稱謂。看不見也聽不到，就算證入四禪定也昏昧不明。恬淡平等，寧靜安泰。九有眾生都歸依於此，三乘聖人不約而同在此同證。這乃是不可見聞，最爲玄妙的境界，卻要用有與無來標明，指出它的境地，來說明它的神妙之

神道者，不亦邈哉！

覈體第二

有名曰：夫名號不虛立，稱謂不自起。經稱有餘涅槃、無餘涅槃者，蓋是返本之眞名，神道之妙稱者也。請試陳之：

有餘者，謂如來大覺始興，法身初建。澡八解之清流，憩七覺之茂林。積萬善於曠野，蕩無始之遺塵。三明鏡於內，神光照於外。結僧那於始心，終大悲以赴難，仰攀玄根，俯提弱喪；超邁三域，獨蹈大方。啓八正之平路，坦衆庶之夷途。騁六通之神

道，這不是離得更遠了嗎？

主張有名的人這麼說：名號不會虛立，稱謂不會自己取。佛經中說的有餘涅槃、無餘涅槃，應該就是返本的眞名、神道的妙稱。我試著說明如後。

有餘涅槃指的是，如來剛剛證得大覺悟，法身剛剛建立時。此時如沐浴在八解脫的清流當中，棲身在七覺支的茂林中。累積了盈滿曠野的無數種善行；洗盡了無始以來所遺留的塵垢。三明的智慧鑑照於內；神光顯照於外。初心是發下大誓願要救度衆生，最終則是以大悲實踐誓言。上求佛道，下救衆生。超越三界，獨行於大乘佛道。開啓平坦的八正道，爲衆生鏟平險峻的邪道。運起如良馬奔馳般

驥，乘五行之安車。至能出生入死，與物推移。道無不洽，德無不施。窮化母之始物，極玄樞之妙用。廓虛宇於無疆，耀薩雲於幽燭。將絕朕於九止，永淪太虛。而有餘緣不盡，餘跡不泯。業報猶魂，聖智尚存。此有餘涅槃也。經云：陶冶塵滓，如鍊眞金。萬累都盡，而靈覺獨存。

無餘者，謂至人教緣都訖，靈照永滅，廓爾無朕，故曰無餘。何則？夫大患莫若於有身，故滅身以歸無；勞勤莫先於有智，故絕智以淪虛。

然則智以形倦，形以智勞，

的六神通，讓衆生安住在五乘的車駕中。而能隨順萬物，出入於生死輪迴中。大道普及世間，功德普施衆生。窮盡造化之初，極盡佛道的妙用。遍及宇宙，一切智的光明照耀所有幽暗之地。即將絕跡於三界，永入寂滅虛無之境。然而尚有餘緣未盡，形跡尚未消失。業報仍羈絆著魂魄，聖智還存在。這就是有餘涅槃。就像經中所說：「去除了塵渣，就像淬鍊眞金。所有的負累都去除了，獨獨留存靈覺。」

所謂無餘涅槃，是說至人教化衆生的因緣已完全盡了，靈照已永久滅去，空廓沒有任何形跡，所以稱作無餘涅槃。怎麼說呢？因爲大患無不以身爲本，所以要滅身而歸於虛無；辛勤勞累，都因爲有智慮爲前題，所以要絕去智慮，歸於虛寂。

然而心智因爲形體而疲倦，形體因爲心智而疲

輪轉修途，疲而弗已。經曰：智爲雜毒，形爲桎梏。淵默以之而遼，患難以之而起。所以至人灰身滅智，捐形絕慮。內無機照之勤，外息大患之本。超然與群有永分，渾爾與太虛同體。寂焉無聞，怕爾無兆。冥冥長往，莫知所之。其猶燈盡火滅，膏明俱竭。此無餘涅槃也。經云：五陰永盡，譬如燈滅。

勞，如此相互作用，輪轉於生死的長途中，疲累而無法休止。佛經中說，智慮如摻有毒藥的飲食，形體如身上的枷鎖。寂靜（喻涅槃）因智慮而遠離，患難因形體而起。所以聖人要焚身成灰，息滅智慧；捐棄形體，斷絕思慮。使在內無機巧緣照之勞，在外平息大患的根本。超出世間永遠與三界分離，渾然與太虛同體。寂靜無聲，恬淡無形。默默無形地永久離去，也不知去到哪裡。這就好像燈盡火滅，油與光明都盡。這就是無餘涅槃。就像佛經中說，五蘊永久滅去，就好像燈火滅去。

裝鬼嚇自己

就像世間的畫師們，自己畫了地獄變相圖，畫了老虎、刀劍，自己仔細看了，而讓自己心中恐懼！師備禪師告訴我們，你把世間的事物都看成了實有，那是你自己的幻覺。當你有了這些幻覺，你便要心生恐懼，想要執取而害怕失去、害怕受苦。

對黑暗的恐懼，都是來自於對環境的無知。佛陀告訴我們，一切外境都是心所變現，是清淨或是垢染，都只是人們對外境產生的主觀認知。同樣的一塊麵包，你吃了也許不滿足，但對飢餓的人而言，那可就是人間甘露！這一切就是那麼虛幻！連涅槃都要再去分辨有無，只會在求道的路上更加辛苦！

然則有餘可以有稱，無餘可以無名。無名立，則宗虛者欣尚於沖默；有稱生，則懷德者彌仰於聖功。斯乃典誥之所垂文，先聖之所軌轍。而曰有無絕於內，稱謂淪於外。視聽之所不暨，四空之所昏昧。使夫懷德者自絕，宗虛者靡託。無異杜耳目於胎殼，掩玄象於霄外。而責宮商之異，辨玄素之殊者也。子徒知遠推至人於有無之表，高韻絕唱於形名之外。而論旨竟莫知所歸，幽途故自蘊而未顯。靜思幽尋，寄懷無所，豈所謂朗大明於冥室，奏玄響於無聞者哉？

這麼說來，有餘涅槃可以稱爲有，無餘涅槃可以稱爲無。無餘涅槃稱爲無成立後，那些崇尙虛無的人，便欣喜地更加推崇沖虛寂默；有餘涅槃稱爲有成立後，那些心繫德行的人，便更加推崇聖人的功德。這些都是佛典中垂訓的明文，先聖所循的軌轍。而你卻要說：『不能在心內思憶其有無，也不能在外表上有任何稱謂。看不見也聽不到，就算證入四禪定也昏昧不明。』從而會使心繫德行的人絕望，崇尙虛無的人無所歸依。這情況就像將人的耳目堵塞，回到母胎裡；將天象掩在雲霄之外。而要這人去分辨音調的差別、黑白的不同。你只知道將至人推到有無之外，高調地主張絕斷一切形相名稱。不知道所要討論的宗旨究竟是什麼，幽深的道理依舊蘊藏不顯。靜靜地尋思，心懷總是找不到寄託。這哪是光明朗照暗室，妙音響宴未曾聽聞者呢？

龍樹的涅槃觀

不能說有涅槃，因為若是有，就相對地會老死。世上沒有任何存在的事物，能遠離老死的現象。

因為我們所見到的一切現象，都離不開老死的現象。若涅槃也是存在，就一定會有老死的現象。但事實上涅槃不會老死，所以不能說存在涅槃。而且也不曾看見離開生滅老死，另有固定不變的現象，可稱為涅槃。

一切事物都是從眾緣生成，都是有為的現象，沒有任何一種現象可稱為無為。

這是龍樹對涅槃的看法。無為的現象本來就不存在，涅槃既是無為，當然不存在。你心中一定要認定有涅槃，其實這樣的涅槃不過是你自己立下的名相，這些都是假名。

生死輪迴中的眾生，都是因為不能如實了知世間是虛妄顛倒，所以才往來生死中。而涅槃就是因為不再受種種因緣，所以五蘊身不再相續，如此便是龍樹所謂的涅槃。

位體第三

無名曰：有餘無餘者，蓋是涅槃之外稱，應物之假名耳。而存稱謂者封名，志器象者耽形。名也，極於題目；形也，盡於方圓。方圓有所不寫，題目有所不傳，焉可以名於無名，而形於無形者哉？

難序云有餘無餘者，信是權寂致教之本意，亦是如來隱顯之誠跡也。但未是玄寂絕言之幽致，又非至人環中之妙術耳。子獨不聞正觀之說歟？

主張無名的人說：無論有餘涅槃或無餘涅槃，都只是表面的稱呼，應接事物的假名而已。而執著於稱謂的人，就會受稱謂侷限；執著於器物外象的人，就會耽溺於形相。名稱只能及於概括表象；形相只能窮盡外表形狀。外表形狀有不能描寫的境界；概括表象有不能表達的意涵。如此，怎麼可以用名稱來說明無名，以形相來說明無形呢？

問難中所說的有餘、無餘涅槃，應該只是權變隨機示現寂靜之體，教化衆生的本意，也是如來或隱或顯的實跡。但是這樣的說法並非涅槃玄虛寂靜、非言語所能表達，最爲深幽的境界，也不是聖人心中的微妙之道。你難道獨獨不曾聽聞佛道中，正觀的理論嗎？

《維摩詰》言：我觀如來無始無終，六入已過，三界已出。不在方，不離方。非有爲，非無爲。不可以識識，不可以智知。無言無說，心行處滅。以此觀者，乃名正觀；以他觀者，非見佛也。

《放光》云：佛如虛空，無去無來，應緣而現，無有方所。然則聖人之在天下也，寂寞虛無，無執無競，導而弗先，感而後應。譬猶幽谷之響，明鏡之像，對之弗知其所以來，隨之罔識其所以往。恍焉而有，惚焉而亡。動而逾寂，隱而彌彰。出幽

《維摩經》中說：「據我觀察，如來是無始無終，已超越了六入，出離三界。不在方所之內，也不離方所。不是有爲法，也不是無爲法。不能用意識去分辨，也不能用智慧去覺知。沒有言語，也沒有心識活動。」如此觀察如來，才是正觀；用其他方法觀察，便不能眞正見到如來。

《放光般若經》中說：「佛有如虛空，沒有去、沒有來，因應機緣而出現，沒有方所的侷限。」如此說來，聖人出現在世間，寂寞虛無，無身可執，無他可競。化導衆生而不在前，衆生有感而後應。就像深谷中的回音，明鏡中所現的影像。就在面前而不知從何處來；隨之在後而不知往何處去。恍惚之間，似有似無。動而更加寂靜，隱而更加彰顯。出入之間，幽暗難測，變化萬千，無有常

入冥，變化無常。

其稱也，因應而作。顯跡爲生，息跡爲滅。生名有餘，滅名無餘。然則有無之稱，本乎無名，無名之道，於何不名？

是以至人居方而方，止圓而圓。在天而天，處人而人。原夫能天能人者，豈天人之所能哉？果以非天非人故，能天能人耳。其爲治也，故應而不爲，因而不施。因而不施故，施莫之廣；應而不爲故，爲莫之大。爲莫之大故，乃返於小成；施莫之廣故，乃歸乎無名。

住。

這有餘或無餘的稱號，是因應機緣而有。形跡彰顯時是生；形跡隱藏時是滅。生的時候就稱爲有餘；滅的時候就稱爲無餘。但是這有餘或無餘的稱謂，本來都是無名，無名的佛道，文有何不可稱名？

所以至人無定名、無定形，在方器內就是方，在圓器內就是圓。在天道就是天形，在人道就是人形。如來能爲天爲人，人天又怎能如此？正因爲如來非天非人，所以能爲天爲人。如來的教化，是應機而無所爲；隨順而無所施。隨順而無所施，所以是無所不施；應機而無所爲，所以是無所不爲。無所不爲，所以回歸於世俗小事無不是道；無所不施，所以回歸於無名。

經曰：菩提之道，不可圖度，高而無上，廣不可極；淵而無下，深不可測。大包天地，細入無間，故謂之道。然則涅槃之道，不可以有無得之，明矣。而惑者睹神變，因謂之有；見滅度，便謂之無。有無之境，妄想之域，豈足以標榜玄道，而語聖心者乎？

意謂至人寂怕無兆，隱顯同源。存不為有，亡不為無。何則？佛言：吾無生不生，雖生不生；無形不形，雖形不形。以知存不為有。經云：菩薩入無盡三昧，盡見過去滅度諸佛。又云：

佛經中說，菩提（覺悟）之道，不能測度。高而無限高；廣而無限廣；深而無限深，深奧無法測度。大可包容天地，小可入於極小隙縫，這便是所謂道。這麼說來，涅槃之道不能用有或無來推求，這道理就很明顯了。但是迷惑的人看到了神變，就認為是存在；看到滅度，就認為是不存在。有或無的境界，虛妄幻想的世界，怎麼能用來說明玄虛的佛道，談論聖人的眞心呢？

我認為聖人應該是寂靜淡泊，沒有任何形跡，隱藏或顯露都是同源。存在不是有，消亡也不是無。怎麼說呢？佛陀自己說：「我沒有任何生是不能生的，雖生一切而無生。沒有任何形是不能現的，雖現一切形而無形。」由此可以知道，存在不是眞實的有。佛經中說，菩薩證入無盡三昧時，能入於涅槃而不般涅槃。以知亡不爲無。亡不爲無，雖無而有；存不爲有，雖有而無。雖有而無故，所謂非有；雖無而有故，所謂非無。然則涅槃之道，果出有無之域，絕言象之徑。斷矣！

子乃云：聖人患於有身，故滅身以歸無。勞勤莫先於有智，故絕智以淪虛。無乃乖乎神極，傷於玄旨者也。經曰：法身無象，應物而形；般若無知，對緣而照。萬機頓赴而不撓其神，千難殊對而不干其慮。動若行雲，止猶谷神，豈有心於彼此，情繫

看遍過去世中滅度的諸佛。又說，證入涅槃而不般涅槃。由此可以知道，亡失不是無。亡失不是無，雖無而存在；存在不是有，雖有而不存在。雖有而不存在，就是所謂不是存在；雖無而存在，就是所謂不是不存在。如此，這涅槃之道，確是超越了有無的世界，非言語相狀所能推斷。這些認知是可以肯定的。

您卻認爲，聖人以有身爲患，所以要滅身而歸於虛無。辛勤勞累，都因爲先有智慮，所以要絕去智慮，歸於虛寂。這豈不是違背了神妙至理，傷害了玄虛的旨趣了？佛經中說，法身沒有相狀，應接事物而現形相；般若沒有知，對緣而後能觀照。應接萬機而不能撓亂其神識；觀照千萬種事物而不能撓亂其智慮。動時有如行雲，止時有如谷神。又怎能說有心於彼此之分，繫情於動靜之別呢？不僅無

於動靜者乎？既無心於動靜，亦無象於去來。去來不以象，故無器而不形；動靜不以心，故無感而不應。然則心生於有心，象出於有象。象非我出，故金石流而不焦；心非我生，故日用而不動。紜紜自彼，於我何爲？

心於動靜，也沒有去或來的形相。去來無象，所以能隨器而現形；動靜無心，所以能感應萬物。然而心意識生於有心的人；形相的顯現出於有形相意識的人。形相不是由我（指悟無我的人）出，所以熾熱的金石溶液流過，而我不會因而燒焦；心意識不是由我而生，所以日日運用而無所動。紛紛自紛紛，於我有何相干？

谷神與般若

老子《道德經》：「谷神不死，是謂玄牝。玄牝之門，是謂天地根。綿綿若存，用之不勤。」

谷是指山谷，用來形容老子所說的道體。以谷神來形容，是取山谷空曠的意象。牝是母牛，代表雌性動物，生命創造者，也是用來形容道體。道體是天地萬物的根本，空虛而微細不明，作用時又讓你看不出它的勞勤動作。

僧肇借用老子的谷神之說，來形容般若的狀態，靜止時讓人看不到般若的存在。

所以智周萬物而不勞，形充八極而無患。益不可盈，損不可虧。寧復痾癘中逵，壽極雙樹，靈竭天棺，體盡焚燎者哉？而惑者居見聞之境，尋殊應之跡；秉執規矩而擬大方。欲以智勞至人，形患大聖。謂捨有入無，因以名之。豈謂採微言於聽表，拔玄根於虛壤者哉？

徵出第四

有名曰：夫渾元剖判，萬有參分。有既有矣，不得不無。無

所以聖智周遍萬物而不勞瘁；形體充滿宇宙而無過患。增益而永遠不會充滿；減損而沒有任何虧短。哪裡像凡人所說，佛陀在遊行的中途染惡疾，最後命終在拘尸那城的雙樹間，靈智已竭，入殮天棺，火化之後肉身亦竭呢？然而迷惑的人，卻站在眼見耳聞的角度，要去推求如來隨機應物的殊勝妙跡；拿著尺規要來測度無限廣大的空間。想要以智慮勞瘁、形相過患的標準來度量聖人。認爲是捨有入無，所以有有餘、無餘涅槃的稱呼。這怎麼能說是從言語之外聽取微妙義理，在空虛之處探求虛玄的根本大道呢？

主張有名的人說：渾沌之初剖分出天地，然後有萬物出生。既然已經有了，也必然存在無。這無

不自無，必因於有。所以高下相傾，有無相生，此乃自然之數，數極於是。以此而觀，化母所育，理無幽顯，恢詭譎怪，無非有也。有化而無，無非無也。然則有無之境，理無不統。經云：有無二法，攝一切法。又稱三無爲者，虛空、數緣盡、非數緣盡。數緣盡者，即涅槃也。

而論云有無之表，別有妙道，妙於有無，謂之涅槃。請覈妙道之本。果若有也，雖妙非無。雖妙非無，即入有境。果若無也，無即無差。無而無差，即入無境。總而括之，即而究之，

不能自己無，必然是因於有。所以高低是相對存在，有無是相待而生。這是自然的法則，一切法則的根本。如此看來，造化所孕育的萬物，無論是幽暗、明顯，千變萬化，總不外乎有。當有化爲無時，又不能說沒有無了。據此，有無兩種境界，就總統一切了。佛經中說，有與無兩種現象，包含了一切現象。經中又說，無爲法有三種，一是虛空無爲、二是擇滅無爲、三是非擇滅無爲。這擇滅無爲就是涅槃。

而在您的論中卻說，在有無之外，另有玄妙的佛道，這比有無更微妙的，就是涅槃。讓我們來檢驗一下這玄妙佛道的根本。若是眞的有，這佛道雖然玄妙，但並不是無。玄妙而不是無，就落入存在的範疇。若是不存在，說不存在就沒有錯。不存在而沒有錯，就是落入不存在的範疇。總而言之，根

無有異有而非無，無有異無而非有者，明矣。而曰有無之外別有妙道，非有非無，謂之涅槃。吾聞其語，未即於心也。

超境第五

無名曰：有無之數，誠以法無不該，理無不統。然其所統，俗諦而已。經曰：眞諦何耶？涅槃道是。俗諦何耶？有無法是。何則？有者有於無，無者無於有。有無所以稱有，無有所以稱無。然則有生於無，無生於有，離有無無，離無無有。有無相

據事實探究，有就是非無，無就是非有。不會有非無之外的有，非有之外的無。這道理已至為明白。而您卻說在有無之外，另有玄妙的佛道，就是非有非無的涅槃之道。我聽到這樣的說法，心中卻無法領會。

主張無名的人說：有無的範疇，確實是包涵了一切現象，統理了一切事理。但這樣的理論，只在世俗的道理上是正確的。佛經中說，眞諦是什麼？就是涅槃之道；俗諦是什麼？世間現象的有無相對就是。怎麼說呢？所謂的有是相對於無而存在的；所謂的無是相對於有而存在。不存在的事物轉為存在，所以是有；存在的事物轉為不存在，所以是無。據此，有是生於無，無是生於有。離開有，無

生，其猶高下相傾，有高必有下，有下必有高矣。然則有無雖殊，俱未免於有也。此乃言象之所以形，是非之所以生。豈足以統夫幽極，擬夫神道者乎？

是以論稱出有無者，良以有無之數，止乎六境之內。六境之內，非涅槃之宅，故借出以祛之。庶悕道之流，彷彿幽途，託情絕域。得意忘言，體其非有非無。豈曰有無之外，別有一有而可稱哉？

經曰：三無爲者，蓋是群生

也不存在，離開無，有也不存在。有和無相生，就好像高下是相互比較產生。有高就必有下，有下就必有高。據此，有無雖然不同，但都是一種存在的現象。這有無就是言語、相狀形成的原因，也是是非生成的原因。如何能包含幽深至極的道理，比擬神心的涅槃呢？

因此，論中所說的涅槃超越有無，是因爲有無所指涉的範疇，只侷限在六根所觸及的六境之內。而六境之內，不是涅槃的居處，所以借用「超越」來排除有無。盼望有心向道的人，能稍見幽深的道途，寄情在殊勝的境界。抓住了這意境，就要捨棄那些言語，體會那非有非無的意境。這意境怎麼會是說，在有無之外，另外存在著另一個現象可以稱名呢？

佛經中說，三無爲的說法，是因爲衆生們由於

紛繞，生乎篤患。篤患之尤，莫先於有；絕有之稱，莫先於無。故借無以明其非有。明其非有，非謂無也。

纏繞在生死輪迴中，而有極重的過患。重患最深者，莫過於執有。要去除執有的對治方法，莫過於建立無的觀念。所以藉著無以說明非有的道理。說明非有的道理，並不代表承認無。

搜玄第六

有名曰：論旨云涅槃既不出有無，又不在有無。不在有無，則不可於有無得之矣；不出有無，則不可離有無求之矣。求之無所，便應都無，然復不無其道。其道不無，則幽途可尋。所以千聖同轍，未嘗虛返者也。其道既存，而曰不出不在，必有異旨，可得聞乎？

主張有名的人說：論中的意思是，涅槃既不超出有無，也不在有無的範疇。不在有無的範疇，就不能在有無當中求得；不超出有無，便不可能離開有無而求得。無處可求得，便應該是一切都不存在，但涅槃之道又不是不存在。涅槃不是不存在，那麼這幽深道途便可找到。這應該是千聖所循的同一條道途，所以沒有一位是徒勞而返的。這道途既然存在，卻又說不出有無、不在有無，那麼肯定有特殊的意旨，能說給我聽聽嗎？

妙存第七

無名曰：夫言由名起，名以相生，相因可相。無相無名，無名無說，無說無聞。經曰：涅槃非法非非法，無聞無說，非心所知。吾何敢言之，而子欲聞之耶？雖然，善吉有言：衆人若能以無心而受，無聽而聽者，吾當以無言言之。庶述其言，亦可以言。

淨名曰：不離煩惱，而得涅槃。天女曰：不出魔界，而入佛界。然則玄道在於妙悟，妙悟在於即眞。即眞則有無齊觀，齊觀

主張無名的人說：言語由名出生，名由相出生，相因爲有物相可對。若是無相則無名，無名則無言說，無言說則無所聽聞。佛經中說，涅槃不是現象，也不是非現象，無法以言語說明，也不是心意識所能知。我怎麼敢說呢？而你也想以聽聞而得嗎？雖然如此，但須菩提也說過：「大衆們若是能以無心受持，以無聽而聽，我也以無言來說明。」希望藉著他的話，我也可以試著說說看。

維摩詰說：「不離煩惱而證得涅槃。」天女也說：「不出離魔界而證入佛界。」既是如此，玄虛之道在妙契證悟，妙契證悟在與眞同體；與眞同體就能齊觀有無。能齊觀有無，就沒有彼此之分。至

則彼已莫二。所以天地與我同根，萬物與我一體。同我則非復有無，異我則乖於會通。所以不出不在，而道存乎其間矣。

何則？夫至人虛心冥照，理無不統。懷六合於胸中，而靈鑒有餘。鏡萬有於方寸，而其神常虛。至能拔玄根於未始，即群動以靜心。恬淡淵默，妙契自然。所以處有不有，居無不無。居無不無故，不無於無；處有不有故，不有於有。故能不出有無，而不在有無者也。

然則法無有無之相，聖無有無之知。聖無有無之知，則無心

此，天地與我同一根本，萬物與我同體。天地萬物與我同體，就不再有有無的差別；天地萬物與我相異，便無法會通。如此，則涅槃之道，不出有無之外，也不在有無之內。

怎麼說呢？聖人空虛其心，洞照幽暗之境，遍知事物之理。胸懷宇宙，而靈明猶游刃有餘。萬物如鏡像映現心中，而神明猶恆常虛淨。以至能從根本出生菩提智慧，身在變化萬千的現象中，而心念寂靜。恬淡深靜，自然地契合宇宙。因此，處於有而不執有，居於無而不執無。居於無而不執無，所以不以無爲無；處於有而不執有，所以不以有爲有。所以能不出離有無，也不在有無之中。

據此，現象本來沒有有無的相狀，聖心沒有有無的認知。聖心沒有有無的認知，所以是內無心

於內；法無有無之相，則無數於外。於外無數，於內無心，此彼寂滅，物我冥一，怕爾無朕，乃曰涅槃。涅槃若此，圖度絕矣，豈容可責之於有無之內，又可徵之有無之外耶？

念；現象沒有有無的相狀，所以外無名數。外無名數，內無心念，物相的差別相寂滅，物與我寂然合一，淡然無我，這便是涅槃。這樣的涅槃，斷絕了一切思慮，怎麼能在有無中推求，又怎麼能在有無之外尋找呢？

虛妄不實的世界

當我們的眼睛看到東西時，便直接產生意識。這意識的產生，表面上是可見的目標物、能看見東西的我、見的功能三者合在一起的。但龍樹以客觀的角度分析，見是眼根、目標物是色塵、見者是主體的我。這三者分居於不同的時空，如何能合在一處？不能合在一處，就肯定沒有定相，所以我們所看的世界其實都是虛妄不實的。

難差第八

有名曰：涅槃既絕圖度之域，則超六境之外。不出不在，而玄道獨存。斯則窮理盡性，究竟之道，妙一無差，理其然矣。

而《放光》云：三乘之道，皆因無爲而有差別。佛言：我昔爲菩薩時，名曰儒童，於然燈佛所，已入涅槃。儒童菩薩時於七住，初獲無生忍，進修三位。若涅槃一也，則不應有三。如其有三，則非究竟。究竟之道，而有升降之殊，衆經異說，何以取中

主張有名的人說：涅槃既然是斷絕了一切思慮，便應該是超越六根所對的六境。不出離、不在有無之中，而獨立存在的玄妙之道。這是窮事物之理，盡事物之性的究竟之道，玄妙合一，沒有差異。道理應該是這樣的。

但是《放光般若經》中說：「佛道有三乘的差別，都是來自於對無爲法的認知。」佛陀也曾經說過：「我在過去世中，身爲菩薩時，名叫儒童，在燃燈佛住世時已入般涅槃。儒童在七地菩薩時，初次證得無生法忍，然後又進修了三個位階。」如果涅槃是一，就不應該再有三位階。如果再有三位階，涅槃就不是究竟之道了。涅槃是究竟之道，卻仍有升降的差別，衆經的說法各異，如何去取得標

耶？

辨差第九

無名曰：然。究竟之道，理無差也。《法華經》云：第一大道，無有兩正。吾以方便，爲怠慢者，於一乘道分別說三，三車出火宅，即其事也。以俱出生死，故同稱無爲；所乘不一，故有三名。統其會歸，一而已矣。

準呢？

主張無名的人說：沒有錯，究竟之道應該是沒有差別的。《法華經》中說：最殊勝的佛道，不可能有兩種都是正確的。我以方便法說法，爲接引那些懈怠的人們，將一乘道分別說爲三乘。以三種車誘子出火宅的故事，就是在說明這件事。因爲都出離了生死，所以都稱爲「無爲」。因爲出離生死的途徑不同，所以有三種名稱。綜合其會歸之處，只有一處。

三車之說

三車的故事，語出《法華經．方便品》。大意是有位長者家裡失火，他的三個小孩又都在房裡玩得十分高興，不知道火已逼近。長者便大聲告訴小孩，屋外有更好玩的羊車、鹿車、牛車，小孩便都衝到屋外，逃過了一場火劫。逃離火宅以後，長者分別給他們更好的大白牛車。

火宅比喻世間的煩惱，三車比喻三乘之道，大白牛車就是會歸一乘。

而難云，三乘之道皆因無為而有差別。此以人三，三於無為，非無為有三也。故《放光》云：涅槃有差別耶？答曰：無差別。但如來結習都盡，聲聞結習不盡耳。

請以近喻，以況遠旨。如人斬木，去尺無尺，去寸無寸，修短在於尺寸，不在無也。夫以群生萬端，識根不一。智鑒有淺深，德行有厚薄，所以俱之彼岸而升降不同，彼岸豈異？異自我耳。然則眾經殊辯，其致不乖。

責異第十

問難中提到，三乘的差別，都來自對無為法認知的差別。這是說人有三種，所以對待無為有三種不同，不是有三種無為法。所以《放光般若經》中有段對話：「涅槃有差別嗎？」回答：「沒有差別。只是如來斷除了一切煩惱習氣，聲聞的煩惱習氣尚未完全斷除。」

請讓我就近打個比喻，來說明這深遠的意旨。就好像人們斬木頭，斬斷一尺無一尺，斬斷一寸無一寸，長短在於尺寸，不在於無(不是木頭消失)。眾生萬般，心識根器不同。智照各有深淺，德行也有厚薄，因此雖然都到了彼岸，卻有高下的不同。彼岸哪有差別？差別只在自己。據此，眾經雖然說法不一，最後的歸趣是一樣的。

有名曰：俱出火宅，則無患一也；同出生死，則無爲一也。而云彼岸無異，異自我耳。彼岸則無爲岸也，我則體無爲者也。請問，我與無爲，爲一爲異？

若我即無爲，無爲亦即我，不得言，無爲無異，異自我也。若我異無爲，我則非無爲，無爲自無爲，我自常有爲，冥會之致，又滯而不通。然則我與無爲，一亦無三，異亦無三。三乘之名，何由而生也？

會異第十一

無名曰：夫止此而此，適彼

主張有名的人說：都出離了火宅，便都一樣沒有過患；都出離了生死，便都一樣是無爲法。然而卻說彼岸沒有差別，差別在自己。彼岸就是無爲之岸；我就是體證無爲的人。請教：體證無爲的人與無爲，是同還是異？

如果這個我就是無爲，無爲就是我。那麼就不能說，無爲沒有差別，差別只在體證的人。如果這個我與無爲相異，那麼我就不是無爲。無爲本自無爲，我則常自有爲。我和無爲冥會一致的道理，又滯礙不通了。如此說來，我與無爲若是同一，便沒有三乘；若是相異，也沒有三乘。三乘的名稱，要從何而生？

主張無名的人說：止於此岸則同生死；到達彼

而彼。所以同於得者，得亦得之；同於失者，失亦失之。我適無爲，我即無爲。無爲雖一，何乖不一耶？譬猶三鳥出網，同適無患之域。無患雖同，而鳥鳥各異。不可以鳥鳥各異，謂無患亦異，又不可以無患既一，而一於眾鳥也。然則鳥即無患，無患即鳥。無患豈異，異自鳥耳。

如是三乘眾生，俱越妄想之樊，同適無爲之境。無爲雖同，而乘乘各異。不可以乘乘各異，謂無爲亦異。又不可以無爲既

岸則同無爲。因此，得證者同於得證之理時，得證者也得到這道理；未證者未證得此理，未證者也失去了這道理。我達到了無爲，我就是無爲。無爲雖然是同一，又哪裡違背了證得者不同一的道理？舉個例子，就像有三隻鳥逃出了網子，來到沒有危險的地方。他們雖然一樣沒有危險，而三鳥各自相異。不能因爲三鳥各自相異，而認定沒有危險的狀況一定相異；同樣的，也不能因爲同樣沒有危險，而認定三鳥也同一。據此，鳥就是沒有危險；沒有危險就是鳥。這沒有危險哪有不同？只是三鳥各自相異。

這三乘佛道中的衆生，都超越了妄想的牢籠，共同來到無爲的境地。無爲雖是相同，而三乘各自有別。不能因爲三乘各自有別，便認定無爲也有不同。同樣的，也不能因爲無爲既是同一，而認定三

一，而一於三乘也。然則我即無爲，無爲即我。無爲豈異，異自我耳。

所以無患雖同，而升虛有遠近；無爲雖一，而幽鑒有淺深。無爲即乘也，乘即無爲也，此非我異無爲，以未盡無爲，故有三耳。

詰漸第十二

有名曰：萬累滋彰，本於妄想。妄想既祛，則萬累都息。二乘得盡智，菩薩得無生智。是時妄想都盡，結縛永除。結縛既除，則心無爲。心既無爲，理無

乘也是相同。據此，我就是無爲，無爲就是我。無爲哪有差別？差別只在於我。

總之，三鳥雖然同樣沒有危險，但升上虛空有遠有近；三乘雖然同樣無爲，但智慧的明照有深有淺。無爲就是三乘，三乘就是無爲。這不是我和無爲相異，只是未能窮盡無爲，所以有三乘的差別。

主張有名的人說：生死輪迴中，萬般的繫累滋長，都以妄想爲根本。若是祛除了妄想，萬般繫累也都止息了。二乘所得的是盡智；菩薩所得的是無生智。此時妄想都已盡，煩惱繫縛永遠滅除。煩惱繫縛既已除去，心便無爲。心既無爲，道理便無所

餘翳。經曰：是諸聖智不相違背，不出不在，其實俱空。又曰：無爲大道，平等不二。既曰無二，則不容心異。不體則已，體應窮微。而曰體而未盡，是所未悟也。

遮障。佛經中說，這三乘聖人的智慧，並不相互矛盾，不出離、也不在三界中，實性都是空。又說，無爲的大道是平等無二的。既然說大道無二，便不容許心有不同。不體悟則已，體悟就應該窮盡幽微之理。但您卻說體悟而未能窮盡，這就讓人不明白了。

蛤蟆與老茄

從前有個持戒的僧人，有一天夜裡出門，踩到了一樣東西，並且發出聲音。他以為踩到了一隻蛤蟆，肚中還有許多的卵，心中恐懼破了戒。睡夢中忽然有數百隻蛤蟆來索命，使得他更加恐懼！

直到天亮，出門一看，才知道昨天夜裡踩到的不過是個老茄子，僧人當下心中釋下恐懼，才知道三界是空。

清遠禪師上堂講了這個故事以後，便問聽法的弟子們：「就在那夜踩到東西時，那東西究竟是蛤蟆還是老茄？如果是蛤蟆，怎麼隔天看到的是老茄？如果是老茄，怎麼會有數百隻蛤蟆來索命？」

持戒的人不可以殺生，僧人因為破戒而恐懼，所以夜夢蛤蟆來索命。但實際上他並未殺生，恐懼來自自己的幻想。三界不實，一切皆空，包括佛法亦是空，但僧人的一念真實帶來了無窮的恐懼！

待到天亮，僧人看到踩到的是老茄，心中的恐懼消失了。但這裡面又有一個問題，如果僧人還是認為三界實有，他便是因為看到茄子，肯定自己沒有破戒，那麼他所得的不是真解脫，而是茄子代替了蛤蟆。

必須等到他了知三界不實，一切皆空，連佛法也是空，管他踩到的是茄子、是蛤蟆，我都不放在心上，這才是真解脫！

明漸第十三

無名曰：無爲無二，則已然矣。結是重惑，而可謂頓盡，亦所未喻。經曰：三箭中的，三獸渡河，中渡無異，而有淺深之殊者，爲力不同故也。三乘眾生俱濟緣起之津，同鑒四諦之的，絕僞即眞，同升無爲。然其所乘不一者，亦以智力不同故也。

主張無名的人說：無爲沒有差異的道理，是可以肯定了。煩惱結是一重又一重的迷惑，而可以頓時除盡，這道理則尚未說明。佛經中以三箭中靶、三獸渡河作比喻，同樣是中靶、渡河，但卻有深淺的不同，這是力道不同的緣故。三乘衆生都以緣起觀作爲渡口，同樣明見四諦的道理，去僞入眞，同樣升入無爲的境界。然而他們的途徑各有不同，這也是因爲他們的智力不同。

三獸渡河

這是佛經中的譬喻故事。三獸指兔、馬、象，比喻佛法中的三乘；河比喻十二因緣。這三獸同樣都渡過河流，表示都已到達解脫的彼岸。但是由於三獸的力量不一樣，兔是從水面浮游過去；馬是亦游亦能踩到河底；象則是安穩地踩著河底過河。

眾生因為智力不同，對十二因緣法的了解各自不同，但都可以同登彼岸，這彼岸則是沒有差別的。

夫群有雖衆，然其量有涯。正使智猶身子，辯若滿願，窮才極慮，莫窺其畔。況乎虛無之數，重玄之域，其道無涯，欲之頓盡耶？書不云乎：爲學者日益，爲道者日損。爲道者，爲於無爲者也。爲於無爲而曰日損，此豈頓得之謂？要損之又損之，以至於無損耳。經喻螢日，智用可知矣。

譏動第十四

有名曰：經稱，法身已上入無爲境。心不可以智知，形不可以象測。體絕陰入，心智寂滅。

宇宙萬有雖然衆多，數量終究有限。但是縱使智慧如舍利弗，辯才如富樓那，窮盡他們的才能、思慮，也無法窺見全體。何況是虛寂的名數，玄之又玄的境域，這無有邊際的佛道，要如何頓時窮盡呢？老子在書中不也說過嗎？作學問的人要日日增益，修道的人要日日減損。修道的人就是要達到無爲。爲了要達到無爲，所以要日日減損，這哪是可以頓時獲得的呢？而是要減損又減損，以至於無所可損。佛經中以螢火之光與日照大地，說明二乘與菩薩乘，從這裡就可明白他們的智用了。

主張有名的人說：佛經中說，證得法身以上的人，已入無爲的境界。這樣的人，不能以智慮了知他的心，不能以相狀測知他的形體。因爲他不再是

而復云，進修三位，積德彌廣。夫進修本於好尚，積德生於涉求。好尚則取捨情現，涉求則損益交陳。既以取捨爲心。損益爲體，而曰體絕陰入，心智寂滅。此文乖致殊，而會之一人，無異指南爲北，以曉迷夫。

動寂第十五

無名曰：經稱聖人無爲而無所不爲。無爲故，雖動而常寂；無所不爲故，雖寂而常動。雖寂而常動故，物莫能一；雖動而常寂故，物莫能二。物莫能二故，逾動逾寂；物莫能一故，逾寂逾

五蘊十二入的形體，心智也寂滅了。但又說必須進修三個位階，積累更多的功德。進修表示還有期待，積德因爲有所求。有所期待就表達了有取捨之情；有所求表達了增減交錯的現象。既然以取捨爲心，以增減爲體，卻又說不是五蘊十二入的形體，心智寂滅。這樣的說法大相矛盾，又在同一人身上，這無異於向迷路的人指南爲北。

主張無名的人說：經中說，聖人無爲而能無所不爲。因爲無爲，所以雖然動而恆常寂靜；因爲無所不爲，所以雖然寂靜而恆常是動。雖然寂靜而恆常是動，所以事物不可能是同一；雖然動而恆常寂靜，所以事物不可能是相異。事物不是相異，所以愈動愈寂靜；事物不是同一，所以愈寂靜愈動。因

動。所以爲即無爲。無爲即爲，動寂雖殊，而莫之可異也。

《道行》云：心亦不有，亦不無。不有者，不若有心之有；不無者，不若無心之無。何者？有心則眾庶是也，無心則太虛是也。眾庶止於妄想，太虛絕於靈照。豈可止於妄想，絕於靈照，標其神道，而語聖心者乎？

是以聖心不有，不可謂之無；聖心不無，不可謂之有。不有故，心想都滅；不無故，理無不契。理無不契故，萬德斯弘；心想都滅故，功成非我。所以應化無方，未嘗有爲；寂然不動，

此，爲就是無爲，無爲就是爲。動與靜雖然不一樣，但不能說是相異。

《道行般若經》中說：「心不是存在，也不是不存在。說不是存在，是指不像一般人所謂的有心；不是不存在，是指不像一般人所謂的無心。怎麼說呢？一般人所謂的有心，指的就是凡夫的心；一般人所謂的無心，就是太虛。凡夫的心不過是妄想的心；太虛則是不具靈明覺照。怎麼能以妄想及不具靈明覺照的心，來形容神靈之道的聖心呢？

因此，聖人的眞心不是存在，但也不能說是不存在。聖人的心不是不存在，但也不能說是存在。不是存在，所以心識慮想都已絕滅；不是不存在，所以能契合於一切眞理。契合於一切眞理，所以能弘揚一切德行；心識慮想都已滅絕，所以功德成就而不執著。因此，能應化無窮，而未嘗執爲有；寂

未嘗不爲。經云：心無所行，無所不行。信矣！

儒童曰：昔我於無數劫，國財身命，施人無數。以妄想心施，非爲施也。今以無生心，五華施佛，始名施耳。又，空行菩薩入空解脱門，方言今是行時，非爲證時。然則心彌虛，行彌廣。終日行，不乖於無行者也。是以《賢劫》稱無捨之檀；《成具》美不爲之爲；禪典喝無緣之慈；《思益》演不知之知。

聖旨虛玄，殊文同辯。豈可以有爲便有爲，無爲便無爲哉？菩薩住盡不盡平等法門，不盡有

靜不動，而無所不爲。佛經中說，心無所行，又是無所不行。這話是確實可信的。

佛陀在身爲儒童菩薩時說：「我在過去無數劫的時光中，以國土、財產、身體、性命，布施了無數的人。然而當時以妄想心布施，不是眞正的布施。如今以無生法忍的心，施佛五花，才可說是眞正的布施。」又如空行菩薩入空解脫門時，才說現在是行時，不是證時。如此說來，心是愈虛寂，行才愈廣大。日日而行，並不違背無行的道理。所以《賢劫經》稱讚無施的布施法門；《成具光明定意經》也稱讚無所爲的爲；禪典高唱無緣的慈悲；《思益梵天經》演說無所知的知。

聖人的意旨虛玄，文字有所不同，說的卻是同一個道理。怎麼可以執著文字，說有爲便認定是有爲，說無爲便是無爲呢？菩薩安住在盡與不盡的平

爲，不住無爲，即其事也。而以南北爲喻，殊非領會之唱。

窮源第十六

有名曰：非眾生無以御三乘，非三乘無以成涅槃。然必先有眾生，後有涅槃。是則涅槃有始，有始必有終。而經云，涅槃無始無終，湛若虛空。則涅槃先有，非復學而後成者也。

通古第十七

無名曰：夫至人空洞無象，而萬物無非我造。會萬物以成己

等法門，不盡有爲，也不住無爲，說的就是這個道理。而你以南北作比喻，就不是能領會這道理的人所說的話。

主張有名的人說：沒有衆生就無法駕御三乘，沒有三乘就無法成就涅槃。如此則必須先有衆生，然後才有涅槃。這說明涅槃是有起始的，有起始就必定有終結。但佛經中卻說，涅槃無始無終，清澈有如虛空。這麼說來，涅槃應該是先已存在，不必等待學習然後才成就。

主張無名的人說：至人空洞無象，而萬物無非是執我的主觀意識造成。能會通萬物與我合而爲一

者，其唯聖人乎！何則？非理不聖，非聖不理。理而爲聖者，聖不異理也。故天帝曰：般若當於何求？善吉曰：般若不可於色中求，亦不離色中求。又曰：見緣起爲見法，見法爲見佛。，斯則物我不異之效也。

所以至人戢玄機於未兆，藏冥運之即化；總六合以鏡心，一去來以成體。古今通，終始同。窮本極末，莫之與二，浩然大均，乃曰涅槃。

經曰：不離諸法而得涅槃。又曰：諸法無邊，故菩提無邊。

的，應該就只有聖人了。怎麼說呢？不依於眞理不能成爲聖人，不是聖人無法證得眞理。證得眞理而成爲聖人時，聖人也就不異於眞理。所以天帝釋問：「應當如何求得般若？」須菩提回答：「般若不可以在色中求得，但也不離於色中求。」又說：「見到一切現象都是緣起，就是見到諸法實相；見到諸法實相，就是見到佛。」這就是物我沒有差異（都是性空）的明證。

因此，至人息止心念於未動之時；隱藏變化之理於隨物遷化中；總攬宇宙萬物如鏡像映於心；一合過去、現在、未來爲體。貫通古今，始終相同。窮盡本末，沒有任何差異，無限廣大而平等，這便是涅槃。

佛經中說，不離世間的一切現象而證得涅槃。又說，世間現象沒有邊際，所以菩提也沒有邊際。

以知涅槃之道，存乎妙契；妙契之致，本乎冥一。然則物不異我，我不異物。物我玄會，歸乎無極。進之弗先，退之弗後，豈容終始於其間哉？天女曰：耆年解脱，亦何如久？

考得第十八

有名曰：經云：眾生之性，極於五陰之內。又云：得涅槃者，五陰都盡，譬猶燈滅。然則眾生之性，頓盡於五陰之內；涅槃之道，獨建於三有之外。邈然殊域，非復眾生得涅槃也。果若

據此可知，涅槃之道在於玄妙的契入；妙契的極致，就在於與物冥合爲一。這樣，物不異於我，我不異於物。物與我玄妙地契合，同歸於無極。前進而沒有誰先，後退也沒有誰在後，這中間哪裡還有終始的分別呢？所以《維摩經》中，天女會責備須菩提：「長老，你證得解脫，怎麼會有時間長久的問題呢？」

主張有名的人說：佛經中說，衆生的體性都存在五蘊之中。又說，證得涅槃的人，已窮盡五蘊，就像燈火滅去。如此說來，衆生的體性頓時在五蘊內消失，而涅槃之道又獨自建立在三界之外。，兩者遠遠相隔在不同的地方，應該不再是衆生證得涅槃了。若是眞有衆生證得涅槃，那麼衆生的體性就

有得，則眾生之性不止於五陰。必若止於五陰，則五陰不都盡。五陰若都盡，誰復得涅槃耶？

玄得第十九

無名曰：夫眞由離起，僞因著生。著故有得，離故無名。是以則眞者同眞，法僞者同僞。子以有得爲得故，求於有得耳。吾以無得爲得故，得在於無得也。且談論之作，必先定其本。既論涅槃，不可離涅槃而語涅槃也。若即涅槃以興言，誰獨非涅槃，而欲得之耶？

何者？夫涅槃之道，妙盡常

不應該是只有五蘊了。若是肯定只有五蘊，怎麼可以說證得涅槃是五蘊都窮盡呢？五蘊若是都窮盡，還有誰證得涅槃呢？

主張無名的人說：眞由離相而起，僞因著相而生。著相所以有所得，離相所以無名無得。因此，與眞的標準相同就是眞，與僞的標準相同就是僞。你以有得爲標準，所以追求有得；我以無得爲標準，所以有所得就是無得。而且，談論問題必須要先確定談論的主題。既然是談論涅槃，就不可以離開涅槃來談涅槃。若是就涅槃來談論，又有誰否定涅槃，而又想證得涅槃呢？

怎麼說呢？這涅槃之道，玄妙而窮盡事相，融

數，融治二儀，滌蕩萬有。均天人，同一異。內視不己見，返聽不我聞。未常有得，未常無得。經曰：涅槃非眾生，亦不異眾生。維摩詰言：若彌勒得滅度者，一切眾生亦當滅度。所以者何？一切眾生本性常滅，不復更滅。此名滅度，在於無滅者也。

然則眾生非眾生，誰爲得之者？涅槃非涅槃，誰爲可得者？《放光》云：菩提從有得耶？答曰：不也。從無得耶？答曰：不也。從有無得耶？答曰：不也。離有無得耶？答曰：不也。然則都無得耶？答曰：不也。是義云

合天地，滌盡萬事萬物。天人平等，溶合一切差別相。回頭往身上找，眼不見、耳不聞。不曾有所得，也不是無所得。佛經中說，涅槃不是眾生，也不是與眾生相異。《維摩詰》經中說：「若是彌勒菩薩能得滅度，一切眾生也能得滅度。怎麼說呢？因爲一切眾生本性常滅，不必再滅。」這裡所說的滅度，意思就是沒有滅度。

這麼說來，眾生不是眾生，是誰證得涅槃呢？涅槃不是涅槃，有什麼可證得呢？《放光般若經》中有段對話：「菩提從有證得嗎？」回答：「不是的。」「從無證得嗎？」回答：「不是的？」「從有無之間證得嗎？」回答：「不是的。」「離開有無之間證得嗎？」回答：「不是的。」「那麼，就是都無所得嗎？」回答：「不是的。」「這是什麼道

何？答曰：無所得故爲得也。是故得無所得也。無所得謂之得者，誰獨不然耶？

然則玄道在於絕域，故不得以得之。妙智存乎物外，故不知以知之。大象隱於無形，故不見以見之。大音匿於希聲，故不聞以聞之。故能囊括終古，導達群方，亭毒蒼生，疏而不漏。汪哉洋哉！何莫由之哉！故梵志曰：吾聞佛道，厥義弘深，汪洋無涯，靡不成就，靡不度生。然則三乘之路開，眞僞之途辯，賢聖之道存，無名之致顯矣。

理？」回答：「因爲無所得，所以才是得。因此這種得就是無所得。」這無所得才是得，有誰不是這樣呢？

然而，玄虛的佛道在於出世間，所以要不得才能得。玄妙的智慧，在於現象界之外，所以要不知才能知。巨大的形象隱藏在無形中，所以要以不見才能見。巨大的聲音藏匿在無聲中，所以要以不聞才能聽聞。如此才能囊括古今，引導四方，養育衆生，疏而不漏。就像百川入於大海，有誰不歸依呢？所以修道的人才說：「我所聽到的佛道，意義弘大深遠，有如大海，沒有邊際，使衆生無不成就，無不解脫生死！」如此，三乘的大道得以廣開，道路的眞僞得以辨析，賢聖的修道路就在這裡，無名的眞正意涵也得以彰顯。

國家圖書館出版品預行編目(CIP)資料

肇論白話經輕鬆讀／蕭振士著. -- 初版. -- 新北市
: 大喜文化,2018.11
面； 公分. --（淡活智在；14）
ISBN 978-986-96463-4-5(平裝)
1.佛教教理

220.1 107017844

淡活智在14

肇論白話輕鬆讀

作　　者　蕭振士
編　　輯　鄧琪潔
發 行 人　梁崇明
出 版 者　大喜文化有限公司
登 記 證　行政院新聞局局版台省業字第 244 號
P.O.BOX　中和市郵政第 2-193 號信箱
發 行 處　新北市中和區板南路 498 號 7 樓之 2
電　　話　（02）2223-1391
傳　　真　（02）2223-1077
E-mail　joy131499@gmail.com
銀行匯款　銀行代號：050，帳號：002-120-348-27
　　　　　臺灣企銀，帳戶：大喜文化有限公司
劃撥帳號　5023-2915，帳戶：大喜文化有限公司
總經銷商　聯合發行股份有限公司
地　　址　231 新北市新店區寶橋路 235 巷 6 弄 6 號 2 樓
電　　話　（02）2917-8022
傳　　真　（02）2915-7212
初　　版　西元 2018 年 11 月
流 通 費　新台幣 280 元
網　　址　www.facebook.com/joy131499